어떤 죽음 3

iMH
경희대학교 인문학연구원
HK+통합의료인문학연구단
통합의료인문학문고 06

어떤 죽음 3

죽음에 대한 인문학 이야기

철학자 편

김영욱 이재훈 조태구 최우석 지음

모시는사람들

경희대학교 인문학연구원 / HK+통합의료인문학연구단 / 통합의료인문학문고06

어떤 죽음3 — 죽음에 대한 인문학 이야기: 철학자편

등록 1994.7.1 제1-1071
1쇄 발행 2024년 3월 5일

기 획 경희대학교 인문학연구원 HK+통합의료인문학연구단
지은이 김영욱 이재훈 조태구 최우석
펴낸이 박길수
편집장 소경희
편 집 조영준
관 리 위현정
디자인 조영준
펴낸곳 도서출판 모시는사람들
       03147 서울시 종로구 삼일대로 457(경운동 수운회관) 1207호
전 화 02-735-7173 / 팩스 02-730-7173

인 쇄 피오디북(031-955-8100)
배 본 문화유통북스(031-937-6100)
홈페이지 http://www.mosinsaram.com/

값은 뒤표지에 있습니다.
ISBN   979-11-6629-188-3   04000
세트   979-11-88765-98-0   04000

이 저서는 2019년 대한민국 교육부와 한국연구재단의 지원을 받아 수행된
연구임(NRF-2019S1A6A3A04058286).

★서문★

　죽음은 철학의 오래된 주제입니다. 인간은 필멸하는 존재라는 점에서 죽음의 문제는 삶의 문제와 연관되지 않을 수 없습니다. 왜냐하면 살면서 내가 혹은 누군가 이 세상에서 '없어진다'라는 생각을 하지 않을 수 없기 때문입니다. 없어진다는 사실은 대체로 두려운 사건으로 환기되는 것 같습니다. 하지만 인간은 죽음을 두려운 것으로만 이해하지 않고 다양한 관점에서 살펴봅니다. 유한한 존재로서 우리는 죽음이 무엇인지, 죽을 수밖에 없는 존재로서 우리는 살아 있는 동안에는 어떻게 살아야 하는지, 죽음 후에도 계속되는 삶이 있는지 등을 고민하는 것 같습니다. 이러한 고민이 철학적 문제라면 죽음은 철학적 주제입니다.

죽음은 일반적으로 보았을 때 생명을 포함한 모든 것의 상실을 의미하지만, 한 개인의 죽음은 개별 인간에게 일어나는 실존적 사건입니다. 누군가의 죽음은 숫자로만 표기되어 사람들로부터 금새 잊히는 사건이지만, 또 다른 누군가의 죽음은 애도 속에서 사람들에게 쉽게 잊히지 않는 사건이 됩니다. 다시 말해, 어떤 죽음은 주변에서 흔하게 접할 수 있는 사건이지만, 어떤 죽음은 한 개인의 삶을 완전히 뒤 흔들어버리는 엄청난 충격적 사건일 수 있습니다. 죽음을 맞이하는 우리의 자세도 다양한 것 같습니다. 누군가는 죽음을 존엄하게 맞이할 수 있다고 하지만 누군가는 비참하고 고통스럽게 죽음을 거부합니다. 누군가는 죽음이란 인간의 고유한 선택에 있다고 말하지만, 누군가는 그러한 선택이 오히려 인간의 존엄을 해친다고 주장합니다. 그래서 죽음은 개인이 혹은 공동체가 마음대로 결정하고 받아들일 수 있는 것이 아니라고 합니다.

　인간은 모두 죽기 때문에 죽음은 모두에게 공평한 듯 보이지만 공평하지 않은 것으로도 볼 수 있습니다. 수천 수억 하는 약을 먹어야 살 수 있는 사람이 충분한 경제력을 지니고 있다면 죽음을 피해 조금 더 연명할 수 있겠지만 그렇지 못할 경우 병으로 인한 죽음을 맞이해야 합니다. 태어난 환경 때문에, 사회적 지위나 경제력 때문에 누군가는 죽을 수밖에 없지만, 누군가는 연명할 수 있다면 모든 사람에게 죽음은 공평하지 않은 것입니다. 먼 훗날 불사하는 약이 값비싸게 팔린다고 할 때 약값을 지불할 수 있는 자와 그렇지 못한 자의 죽음은 공평하지 않을 것입니다.

죽음에 관한 이야기는 복잡하고 쉽게 정의되지 않는 철학적 문제입니다. "어떤 죽음은 이렇고, 어떤 죽음은 저렇고" 등의 다양한 이야기의 소재를 끌어내는 게 죽음인 것 같습니다. 이에 따라 집필진은 '어떤 죽음' 시리즈를 기획하면서, 이번에는 "도대체 철학자들에게 죽음이 무엇일까"를 살피기로 했습니다. 경희대학교 HK+통합의료인문학연구단은 '연예인 편'을 시작으로 '문학 속 인물 편'에 이어 '철학자 편'을 통해 죽음의 문제를 고민하며 살피고 있습니다.

죽음과 철학자를 생각해볼 때 우리는 소크라테스를 쉽게 떠올릴 수 있습니다. 잘 알려진 다음의 명제들 때문입니다: "모든 사람은 죽는다. 소크라테스는 사람이다. 소크라테스는 죽는다." 우리는 형식논리를 이해하기 위해 이 명제들을 한 번쯤은 들어봤습니다. 삼단논법의 예시로 소크라테스는 죽는 자로 소개됩니다. 사실 사형을 선고받고 독배를 마심으로써 과감하게 죽음을 선택한 철학자가 소크라테스라는 사실도 우리에게 잘 알려져 있습니다. 그가 죽음을 두려워하지 않았던 이유는 죽음 이후에 '영혼의 삶이 영원히 지속된다'는 믿음이 있었기 때문인 것으로 보이는데, 이러한 믿음은 플라톤, 기독교 사상, 어거스틴, 그리고 아퀴나스에게서도 찾아볼 수 있습니다. 이들에 따르면 죽음은 이데아 세계로의 참여 혹은 하나님의 나라에 임하는 일이기에 기쁘게 맞이할 수 있는 사건입니다. 이러한 관점에서 소크라테스는 철학자가 죽는 것을 두려워하면 부끄러운 일이라고 보았습니다. 철학자 소크라테스에게 죽음은 아마도 긍정적으로 받아들일 수 있는 사건이었던 것 같습니다.

죽음을 긍정적으로 보았던 입장과 다르게 에피쿠로스는 죽음을 우리와 상관없는 것으로 이해했습니다. 그에 따르면 죽음은 모든 감각의 파괴입니다. 우리가 죽는다고 해도 우리의 감각은 파괴되었기에 우리는 죽음을 알 수 없습니다. 그래서 에피쿠로스는 죽음이란 우리와 관계없는 것으로 규정합니다. 시대를 거슬러 올라가면 독일 관념론의 포문을 열었다고 평가받는 피히테도 이와 유사한 견해를 내놓습니다. 그에 따르면 "영혼도 없으며, 죽음도 덧없음도 불멸성도 없으며, 오직 삶만 있을 뿐"입니다. 피할 수 없는 죽음을 두려워하는 것은 허상에 빠진 사람에게나 어울리는 일이라고 보았던 피히테는 실제로 존재하는 것은 절대적 존재로서 자기 자신뿐이라는 점을 역설합니다. 이에 따라 그는 무한한 삶의 실천만을 긍정할 뿐 죽음은 절대적 존재로서 나와 관계없는 것으로 봅니다. 오직 삶만 있을 뿐 죽음은 우리와 거리가 먼 것이죠. 그래서 살아 있는 동안의 자기를 더욱 고양하고 자아의 이상을 실현하려고 노력해야 합니다. 에피쿠로스나 피히테와 같은 철학자는 죽음이 우리와 상관없는 것으로 보았던 것 같습니다. 하지만 우리는 다음과 같이 물을 수 있습니다. "정말 죽음은 우리와 관계없는 것일까?" "피히테 당신도 죽지 않았는가?"

확실한 것은 인간은 언제가 죽는다는 사실입니다. 우리는 죽음이 생명의 종말인지, 시간의 종말인지, 모든 것이 끝인지 혹은 희망으로, 영원한 세계로의 참여인지 알 수 없으나 현실 세계에서 불가피하게 죽음을 맞습니다. 적어도 아직은 기술적, 의학적으로 불사할 수 있는 길이 없기에 우리는 죽음을 피할 수 없습니다. 인간은 자신이 죽는다는 것을 너무나 잘 알기에 이를 부인할 수 없습니다. 죽음은 아무리 막으려 하고 오지 않기를 바란다 해도 닥쳐올 것입니다. 그래서 사람들은 삶 속에서 죽음으로부터 가질 수 있는 중요한 의미를 발견하려 합니다. 이런 점에서 철학자 하이데거는 "인간은 죽음을 향한 존재"라고 말했습니다. 죽음으로부터 삶의 의미를 발견하고자 이제까지 수많은 철학자가 죽음의 문제와 씨름해 왔습니다. 죽음을 긍정적으로 보든 부정적으로 보든 여전히 그 누구도 완전하게 죽음의 문제를 정복하지 못했습니다. 앞으로도 계속해서 풀리지 않을 것 같은 문제로서 죽음은 인간이 이 땅에 존재하는 한 계속해서 고민해야 할 주제입니다.

이번에 내놓게 된 '어떤 죽음' 시리즈는 유명한 철학자 몇 명을 선택하여 그들이 죽음을 어떻게 이해하고 있는지를 살펴봤습니다. 서양의 고대와 근, 현대 사상을 대표하는 철학자들 중 '소크라테스', '데카르트', '루소', '칸트', '하이데거', '레비나스'의 죽음을 다루었습니다. 각각은 서양의 철학 사상을 대표하는 고대 철학자, 근대 철학의 아버지, 계몽주의를 상징하는 철학자, 독일 관념론을 개시한 철학자, 존재론과 함께 현대 철학의 새로운 지평을 이끈 자, 나치 수용소에서 살아남아 타자 중심의 실천 윤리를 강조한 현대 철학자입니다. 이 책은 이들로부터 발견할 수 있는 죽음이 무엇인지 손쉽게 이해할 수 있는 교양서입니다. 잠시나마 책의 내용을 통해 인간의 '생로병사'의 한 부분인 '죽음'이 무엇인지를 사색할 수 있었으면 좋겠습니다.

집필진을 대표하여
최우석 씀

차례

01

소크라테스와 닭 한마리
—그의 죽음을 둘러싼 소문들

조태구

4대 성인

한국 사회에서 예수와 붓다, 공자와 소크라테스는 흔히 4대 성인으로 칭해지고는 한다. 이러한 규정이 어디서부터 시작된 것인지 정확히 알 수는 없다. 철학자 칼 야스퍼스(Karl Jaspers, 1883.02.23.-1969.02.26.)의 규정이라는 설도 있지만, 이는 거짓이거나 적어도 과장이다. 야스퍼스가 그의 책『위대한 철학자들(Die großen Philosophen)』에서 이 네 명을 한데 묶어 "권위 있는 사람들"이라는 이름으로 다룬 바 있다는 것은 분명한 사실이다. 그러나 이 책은 철학사를 다루는 1000페이지가 넘는 광대한 저작으로서, 언급한 네 명 외에도 "철학의 선구적 창시자들"이라는 이름 아래 플라톤과 아우구스티누스, 칸트를 소개하고 있고, "근원으로부터 사유하는 형이상학자들"로서 아낙시만드로스, 헤라클레이토스, 파르메니데스, 플로티노스,

안셀무스, 노자, 나가르주나 등을 언급하고 있다. 그럼에도 불구하고, 논의되고 있는 다른 인물들은 다 제외하고 예수와 붓다, 공자와 소크라테스만을 똑 떼어내서, 그것도 4대 성인이라는 거창한 이름 아래 하나로 묶어내는 것은 분명 과장이다.

그러나 그 기원이 무엇이든, 예수와 붓다, 공자와 소크라테스라는 네 명의 조합은 썩 그럴듯하다. 그들이 기독교와 불교, 동양철학과 서양철학을 상징하는 각각의 인물들이라는 점에서도 그렇고, 서양 문화를 구성하는 두 축인 기독교와 희랍철학, 그리고 동아시아 문화에 막대한 영향력을 끼친 불교와 유교를 대표하는 인물들이라는 점에서도 그렇다. 그 출처가 불분명함에도 불구하고, 여전히 많은 사람들이 이들을 4대 성인이라 칭하는 데 크게 거부감을 가지지 않는 이유는 그 규정이 이런 나름의 타당성을 가지기 때문일 것이다.

그런데 이 네 명 가운데 소크라테스만은 다소 결이 다르다. 단적으로 말하자면, 소크라테스는 4대 성인에 포함되어 있는 유일한 비종교인이며, 철학자이다. 물론 공자 역시 철학자로 분류할 수 있다는 것이 사실이며, 바로 앞의 단락에서 공자를 동양철학을 상징하는 인물로 언급하기도 했다. 그러나 유교가 희랍철학과 같은 성격의 철학인가에 대해서는 의문의 여지가

소크라테스(기원전 470년 경-기원전 399.5.7)
고대 그리스의 철학자. 일생을 철학의 제 문제에
관한 토론으로 일관한 서양 철학에서 첫번째 인물
로 평가되고 있다.
https://commons.wikimedia.org/wiki/File:
Socrates_Louvre.jpg
Sting, CC BY-SA 2.5

있다. 유교는 종교인가 아닌가라는 질문이 성립한다는 사실
자체가 이에 대한 증거이다. 소크라테스로 대표되는 희랍철학
에 대해서는 전혀 제기된 바 없으며, 제기될 여지조차 없어 보
이는 종교성이 유교에 대해서는 제기된다는 사실은 공자로 대
표되는 유교가 철학이 아니라고 말할 수는 없으나, 적어도 소
크라테스로 대표되는 희랍철학과는 다른 성격의 무엇이라고
주장할 수 있는 충분한 근거가 된다.

　이제 유교를 종교로 규정하면, 4대 성인 가운데 소크라테스
를 제외한 다른 세 명은 모두 종교를 통해 인류에 커다란 영향
을 끼친 인물로 규정되는 반면, 소크라테스는 종교가 아닌 다

른 무엇, 즉 철학을 통해 인류에 커다란 영향을 끼친 인물로 규정될 수 있을 것이다. 그리고 여기서 철학은 하나의 분과 학문을 지칭하는 오늘날의 좁은 의미가 아니라, 학문 일반을 지칭하는 좀 더 넓은 의미로 이해해야 할 것이다. 소크라테스는 종교가 아닌 철학으로, 즉 믿음이 아닌 지성 혹은 이성으로 인류에 깊은 영향을 끼친 성인으로서 다른 종교적 인물들과 어깨를 나란히 한다. 적어도 소크라테스를 예수와 붓다, 공자와 함께 4대 성인이라고 흔히 지칭하는 한국에서는 그러하다.

철학자의 죽음과 닭 한 마리

이렇게 소크라테스가 한국에서 4대 성인으로 추앙될 만큼의 인물로 널리 평가 받고 있다면, 그를 한국에서 가장 널리 알려진 철학자라고 주장한다고 해서 크게 무리한 주장이 되지는 않을 것이다. 실제로 소크라테스가 한 것으로 알려져 있는 "너 자신을 알라"나 "악법도 법이다" 같은 말들은 한국 사회에서 정상적인 교육을 받은 사람이라면 누구나 알고 있을 법한 경구들이다. 또 2020년 나훈아는 자신의 노래 "테스 형!"을 히트시킴으로써 한국 사회에 소크라테스의 이름을 더 널리 알리는

데 크게 기여했는데, 애초에 그가 다른 수많은 철학자들을 놔두고 굳이 "(소크라)테스 형"을 부른 것은 다만 음악적인 이유 때문만은 아닐 것이다. 그가 "(아리스토텔)레스 형"이나 "(파르메니)테스 형"이 아닌 "(소크라)테스 형"을 부른 더 직접적인 이유는 소크라테스가 한국에서 가장 유명한 철학자이기 때문일 것이다.

그런데 소크라테스를 안다는 말은 사실상 그의 죽음을 안다는 말과 다른 말이 아니다. 그만큼 소크라테스가 죽음에 이르는 과정은 그의 제자 플라톤에 의해 『에우티프론』, 『소크라테스의 변론』, 『크리톤』, 『파이돈』이라는 네 편의 대화편을 통해 자세히 기록되어 남아 널리 알려져 있고, 소크라테스가 했다고 전해지는 유명한 말들은 대부분 이 소크라테스와 관련된 죽음의 서사와 연관되어 있다. 플라톤이 남긴 대화편에 따라 소크라테스가 죽음에 이른 과정을 간단히 정리해 보면 다음과 같다.

우선 『에우티프론』에서 소크라테스는 고소를 당해 바실레우스 관아에 재판을 받으러 왔다가 그 역시 재판 때문에 관아에 온 에우티프론을 우연히 만나 그와 경건함에 대해 논의한다. 그리고 『소크라테스의 변론』이 전하는 바대로, 소크라테스는 법정에서 배심원들을 상대로 자신을 변호하지만 280대 220이라는 표결 결과에 따라 유죄 판결을 받고, 바로 이어진 형량 재판에서 소크라테스는 벌금형을 받겠다고 주장하지만 360대 140이라는 보다 더 큰 격차로 벌어진 표결 결과에 따라 사형을 선고받는다. 이제 『크리톤』 편에서 감옥에 갇혀 사형을 기다리는 소크라테스에게 크리톤은 이러저러한 이유를 제시하며 탈출을 권유하지만 소크라테스는 이를 거부하고, 『파이돈』 편에서 파이돈이 소크라테스의 마지막 순간을 얘기해주기를 바라는 에케크라테스에게 전하는 바에 따르면, 소크라테스는 형이 집행되는 날, 마지막 순간까지 제자들과 영혼의 불멸성에 대해 논의하다가 논의를 마친 후 목욕을 한 뒤 독약을 마시고 "크리톤! 우리는 아스클레피오스께 닭 한 마리를 빚지고 있네. 갚게나. 소홀히 말고."*라는 말을 남긴 채, 죽음을 맞이한다.

소크라테스가 마지막으로 남겼다는 이 말, "아스클레피오스께 닭 한 마리를 빚지고 있네"라는 말의 의미에 대해서는 해석이 분분하다. 우선 말 그대로, 아스클레피오스라는 실존하는

---

* 『파이돈』, 박종현 역, 서광사, 118a.

사람이 있었고, 소크라테스가 그에게 실제로 닭 한 마리를 빚졌기 때문에 죽기 전에 자신의 친구인 크리톤에게 자기 대신 채무를 처리해 달라고 부탁한 것이라는 해석이 가능하다. 이러한 해석을 따를 경우, 이 소크라테스의 마지막 말에 덧붙일 특별한 해석은 없다. 소크라테스가 죽음의 순간에 거리낌 없이 자신의 부채를 떠맡길 만큼 소크라테스와 크리톤의 우정이 깊다거나, 크리톤이 그만큼 부유하다는 정도가 이 철학자의 마지막 말에 덧붙일 수 있는 해석의 전부일 것이다.

그런데 소크라테스의 마지막 말에서 언급되고 있는 아스클레피오스가 실존 인물이 아니라, 의학의 신 아스클레피오스를 지칭하는 것이라는 해석이 또한 가능하다. 이 경우, 소크라테스의 마지막 말, 아스클레피오스에게 닭 한 마리를 갚으라는 그 말은 신에게 재물을 바치라는 말로 이해되며, 이러한 소크라테스의 마지막 요청은 그를 죽음으로 몰아넣은 그에게 제기된 범죄 혐의와 관련하여 어떤 해석의 여지를 마련해준다. 그에게 제기된 기소에는 그가 신들을 믿지 않는다는 혐의가 포함되어 있기 때문이다. 소크라테스에게 제기된 기소 내용의 전문을 살펴보자면 다음과 같다. 첫 번째 인용문은 고대 희랍의 전기 작가였던 디오게네스 라에르티오스가 전하는 소크라테스에게 제기된 기소 내용이고, 두 번째 인용문은 소크라테스 자신이 직접 언급하고 있는 자신에게 제기된 기소 내용이다.

"소크라테스는 국가가 인정하는 신들을 인정하지 않고, 다른 새롭고 기묘한 신령 따위들을 들여오는 죄를 저지르고 있다. 또 청년들을 타락시키는 죄도 저지르고 있다."[*]

"소크라테스는 젊은이들을 타락시키고, 나라가 믿는 신들을 믿지 않고, 다른 새로운 영적인 것들을 믿음으로써 죄를 범하고 있다."[**]

조홍만에 따르면, 라에르티오스가 전하고 있는 기소 내용 전문은 아테네의 공식문서들을 보관하고 있는 키벨레 신전의 공문서 보관소인 메트로온에 보존된 해석을 인용한 것으로서 소크라테스에게 제기된 최초의 기소 내용과 가장 일치할 것으로

---

[*] 라에르티오스, 『그리스철학자열전』, 정양범 역, 동서문화사, 108쪽.
[**] 『소크라테스의 변론』, 박종현 역, 서광사, 24b.

추정된다.* 이 전문에 따르면 소크라테스에게 제기된 혐의는 1) 국가가 인정하는 신들을 인정하지 않았고, 2) 새로운 신령 따위를 들여왔으며, 3) 청년들을 타락시켰다는 세 가지이다.

반면, 소크라테스가 재구성하여 제시하고 있는 자신에게 제기된 기소 내용은 이 세 가지 혐의 내용을 모두 포함하고 있기는 하지만, 그 순서가 바뀌어 있다. 그는 젊은이들을 타락시켰다는 혐의를 자신에게 적용된 혐의들 가운데 가장 앞에 위치시키고 있는데, 이는 그가 멜레토스 등이 자신에게 제기한 고소의 참된 의미를 알고 있었다는 것을 의미한다. 즉 그는 자신에게 제기된 다른 여타의 혐의들은 명목일 뿐이며, 자신이 고소당한 진짜 이유는 청년을 타락시켰다는 것, 구체적으로 말해서, 자신이 펠로폰네소스 전쟁에서 아테네를 배신한 알키비아데스의 스승이자 친 스파르타 정부였던 30인 참주의 우두머리 크리티아스의 스승이었다는 점 때문이라는 점을 정확히 이해하고 있었다.

그럼에도 불구하고 소크라테스가 실제로 전개한 변론의 내

---

* 조홍만, 「〈변론〉에서 소크라테스의 죽음관에 대한 새로운 조명」, 『철학연구』, 제 132집, 2014, 193쪽.

용을 살펴보면 그가 국가가 인정하는 신들을 존중하고 있다는 점을 입증하려고 특별히 노력하고 있음을 알 수 있다. 그리고 이는 자신을 고소한 자들이, 멜레토스처럼 이번에 새롭게 소를 제기한 자들이건 이미 오래전부터 그를 비난해 오던 자들이건 모두 '청년을 타락시켰다'는 주장의 근거로 그가 '신들을 믿지 않는다'는 혐의를 내세우기 때문이다. 즉 소크라테스에게 제기된 혐의들은 각각 독립적인 개별적인 것들이 아니라 서로 인과관계로 연결되어 있다. 소크라테스는 국가가 인정하는 신들을 인정하지 않으며, 따라서 새로운 영적인 것들을 믿었으며, 그런 믿음을 청년들에게 가르침으로써 그들을 타락시켰다는 것이 기소의 참된 내용이다.

따라서 소크라테스가 가장 토대가 되는 주장, 국가가 인정하는 신들을 인정하지 않는 혐의를 논박하려 시도하는 것은 효과적인 논쟁의 전략이며, 이제 삶의 마지막 순간에 그가 의학의 신, 아스클레피오스에게 닭을 바치도록 요청한 것도 이런 맥락에서 해석할 수 있다. 그는 삶의 마지막 순간까지도 자신을 변호하고 있다. 그는 국가가 인정하는 신들을 자신 또한 기꺼이 인정하고 있으며, 따라서 그에게 제기된 모든 혐의, 청년들을 타락시켰다는 혐의는 아무런 근거가 없는 것임을 죽음을 앞둔 그 순간에도 웅변하고 있었던 것이다.

철학은 죽음의 연습이다

그런데 이러한 해석은 소크라테스의 죽음과 관련된 모든 대화편에서 그가 보여주는 죽음에 대한 당당함, 좀 더 정확히 말하면, 죽음에 대한 환대와는 어딘가 어긋나 보인다. 두렵지 않을 뿐만 아니라, 나아가 다가온다는 사실 자체가 즐거움을 주는 죽음 앞에서 소크라테스는 다시 한 번 더 자신의 혐의 없음을 입증할 필요가 있었을까? 물론 혐의 없음을 입증하고자 하는 것이 죽음에 대한 두려움이 아니라 자신이 해 왔던 일, 즉 철학함의 정당함을 말하기 위한 것이라는 해석이 가능하다. 또 재판과는 상관없이 소크라테스가 본래 관습에 충실한 사람으로서, 국가가 인정하는 신들을 기꺼이 인정해 왔다는 점을 잘 보여주는 사례로 그의 마지막 말을 해석할 수도 있다. 그러나 "철학에 옳게 종사하여 온 사람들은 모두가 다름 아닌 죽는 것과 죽음을 스스로 추구하고 있다"*고 말하는 소크라테스에

* 『파이돈』, 박종현 역, 서광사, 63a.

게 더 어울리는 해석은 따로 있는 것처럼 보인다.

사실 소크라테스에게 죽음이란 영혼이 몸으로부터 분리되는 현상이며, 이렇게 몸으로부터 분리됨으로써 영혼은 이제 몸을 매개로 한 감각적 경험이 아니라 오직 지성을 통해 탐구할 수 있는 영역에 더 이상 아무런 방해 없이 접근할 수 있는 기회를 얻는다. 그리고 철학은 감각이 아니라 지성을 통해 알고자 하는 노력이라는 점에서, 철학은 살아생전에 실천하는 몸으로부터 분리되고자 하는 연습, 즉 죽음에 대한 연습이다.[*] 따라서 평생 철학을 해 왔던 소크라테스에게 죽음 이상으로 더 기꺼이 맞이해야 할 만한 것은 없다. 그렇다면 평생 연습하던 죽음이 이제 실제로 실현되고 있는 이 순간에, 그 마지막 순간에 소크라테스는 무슨 말을 한 것일까? 그것은 자신의 죽음이 부당하다는 것을 알리기 위한 항변일까? 오히려 기쁨의 표현은 아닐까? 기쁨의 표현이라면, "아스클레피오스께 닭 한 마리를 빚지고 있네"라는 말은 어떤 맥락에서 기쁨의 표현으로 해석될 수 있을까?

아스클레피오스가 의학의 신임을 떠올리고, 소크라테스가

---

[*] 『파이돈』, 67d, 80e.

바로 직전에 약을 먹었다는 사실을 고려한다면, 소크라테스의 마지막 말이 어떤 맥락에서 기쁨의 표현으로 해석될 수 있는지 이해할 수 있다. 즉 소크라테스는 그가 받아 마신 약이 너무나 효과가 좋다는 점에, 그를 어서 빨리 죽음으로 데려다 주고 있음에, 의학의 신 아스클레피오스에게 감사 인사를 드리고 있는 것이다. '이 (독)약 정말 효과 좋은데요? 아스클레피오스 감사합니다! 크리톤, 아스클레피오스께 감사 인사로 내 대신 닭 한 마리를 바쳐주시게!'

그런데 이렇게까지 소크라테스의 마지막 말을 해석하고 나면, 슬며시 소크라테스의 죽음은 사실상 자살이 아닐까 하는 의문이 솟아오른다. 물론 소크라테스는 표면적으로는 자살에 대해 아주 단호한 태도를 취하고 있다. 그에 따르면 자살은 온당한 짓이 아니다.* 그러나 케베스가 제기하는 질문("소크라테스 선생님, 자살하는 것은 온당한 짓이 아니라고 말씀하시면서, 그러나 지혜를 사랑하는 사람은 죽는 사람의 뒤를 기꺼이 따르려 할 것이라는 이 말씀을 어떻게 해서 하시는 겁니까?")에서 확인할 수 있는 바처럼, 소크라테스의 자살에 대한 부정적 평가는 죽음에 대

---

* 『파이돈』, 61c.

해 그가 보이는 호의적 시선과 명백히 모순되는 것처럼 보인다. 철학자는 몸으로부터의 분리, 즉 죽음을 수련하는 사람으로서, "죽는 것이 더 나은 그런 사람들"임에도 불구하고, 왜 "스스로 자신들을 좋도록 한다는 것", 즉 자살한다는 것은 경건하지 못한 일이며, 왜 수동적으로 자신을 죽음으로 인도해 줄 "다른 은인을 기다려야만" 하는가?*

소크라테스의 자살에 대한 부정적인 평가는 "신들은 우리의 보호자들이며 우리 인간들은 신들의 소유물들 가운데 하나"** 라는 전제에 토대를 두고 있다. 즉 인간이 자신의 주인인 신이 원하지 않았음에도 불구하고 스스로 목숨을 끊어버리는 일은, 인간이 신의 소유물이라는 자신의 본성을 망각하고 자의적으로 신의 보호로부터 벗어나 버리는 일이며, 이는 주인인 신의 노여움을 살 만한 일로서 부당하다는 것이다. 그런데 이러한 전제는 오늘날의 관점에서 받아들이기 어려울 뿐만 아니라, 이러한 전제를 당시 모든 사람들이 공유하고 있던 세계관으로 인정하고 있는 그대로 받아들인다고 할지라도 자살에 대한 소

---

* 『파이돈』, 61e.
** 『파이돈』, 62b.

크라테스의 부정적인 평가에는 여전히 의심스러운 점들이 남아 있다. 가령 소크라테스가 죽음 뒤에 그에게 닥칠 일로 "지혜로우며 훌륭한 다른 신들 곁으로" 가게 될 것을 기대하고 있으며, 죽음이 소크라테스가 생각하는 것처럼 정말 신의 곁으로 가기 위한 길이라면, 자살은 신의 보호로부터 자의적으로 벗어나 버리는 일이 아니라, 오히려 신의 곁에 좀 더 가깝게 머물고자 하는 노력, 더 적극적이고 직접적인 신의 보호를 받고자 하는 시도로 해석할 수도 있다. 그렇다면, 신은 자신 곁에 오고자 하는 인간의 노력을, 그것도 자신이 가진 모든 것을 다 버리는 죽음이라는 그런 극단적 노력을, 단지 자신이 허락한 바 없는 일이라는 이유로 괘씸하게 여길 것인가? 만약 신이 그러하다면, 그러한 신은 지나치게 편협하고 권위적이지 않은가!

그러나 이러한 의문은 크게 중요하지 않다. 지금 문제는 소크라테스의 죽음이 "사실상" 자살이 아닐까 하는 것이다. 즉 소크라테스는 스스로 목숨을 끊는 사전적 의미의 자살을 하지는 않았지만, 사실상 타인으로 하여금 자신을 죽이도록 유도한 것은 아닐까, 소크라테스의 표현을 따르자면, 자신을 죽음에 이르게 만들어줄 "은인"을 다만 수동적으로 기다린 것이 아니라, 적극적으로 찾아낸 것은 아닐까 하는 것이다.

이러한 정황은 곳곳에서 발견된다. 『소크라테스의 변론』에서 확인되는 그의 나이는 일흔으로서,* 그의 표현을 따르자면, 그의 죽음은 그를 죽이고자 하는 사람들이 "잠시만 기다렸던들 … 저절로 일어날 일이었다."** 평생 죽음을 수련한 철학자로서 죽음을 갈망하고, 삶에 대한 미련을 가질 나이도 아닌 그가 젊은이들을 타락시켰다는 이유로, 즉 철학을 했다는 이유로 법정에 섰을 때, 그는 평소 갈망하던 죽음을 이보다 더 극적일 수 없는 방식으로 맞이할 기회를 얻은 것이다. 따라서 유죄 판결을 받고 형량을 결정하기 위한 재판에서 소크라테스는 의도적으로 배심원들을 도발한다. 자신에게 적합한 형량으로 "영빈관에서 식사"를 제공받을 것을 제의하는가 하면,*** 배심원들이 원하는 형량이 추방형이라는 것을 명확히 알고 있음에도 불구하고 자신의 재정 상태에 비춰 "1므나쯤은 물 수 있다"고 제의한다.**** 소크라테스가 실제로 제의한 벌금의 액수가 30므나였다는 점을 고려할 때, 이 "1므나"의 벌금 제의는 배심원들

---

* 『소크라테스의 변론』, 17d.
** 『소크라테스의 변론』, 38b.
*** 『소크라테스의 변론』, 36e.
**** 『소크라테스의 변론』, 37c-38b.

을 향한 명백한 조롱이었다는 점을 알 수 있다. 그리고 이러한 소크라테스의 죽음을 위한 노력으로 인해 그에게 무죄 판결을 내렸던 80명의 배심원은 소크라테스에게 사형을 선고한다.

악법은 법이 아니다

소크라테스의 죽음을 사실상 자살로 규정한다고 해서, 그의 죽음의 의미가 달라지는 것은 아니다. 소크라테스는 자신에게 사형 판결을 내린 사람들에게 "여러분이 저를 죽게 한 처벌보다도 단연코 훨씬 더 가혹한 처벌이 곧 여러분한테 닥칠 것"이라고 예언한다.[*] 소크라테스를 사형에 처한 자들은 그들에게 던지는 소크라테스의 질문을 피하고자 그를 죽여 입을 막아 버렸지만, 소크라테스가 예언하는바, 이제 더 많은 사람들이 그들에게 질문을 던질 것이며, 그들에게 새롭게 질문을 던질 사람들은 소크라테스보다 더 젊기 때문에 더 가혹한 방식으로 질문을 던질 것이다.[**] 올바름에 대하여, 참된 앎에 대하

---

[*] 『소크라테스의 변론』, 39c.
[**] 『소크라테스의 변론』, 39d.

여 좀 더 많은 사람들이 묻기 시작할 것이며, 더 가혹하게 묻기 시작할 것이다. 그리고 소크라테스에게 유죄를 선고하고 그를 사형에 처한 자들은 올바름에 대한 질문, 참된 앎에 대한 질문, 즉 철학의 실천을 가로막은 자들로, 그렇게 정의와 진리의 적들로 역사에 기록되어 영원히 비판 받고 또 비판 받을 것이다.

이러한 소크라테스의 예언이 실현되었다는 사실에는 이견이 있을 수 없다. 그러나 소크라테스의 이러한 예언, 마치 저주처럼 들리는 이 예언은 사람들 사이에 널리 퍼져 있는 소크라테스에 대한 어떤 편견과 명백히 상충하는 것처럼 보인다. 즉 자신에게 유죄판결을 내리고 사형을 선고한 배심원들을 향한 소크라테스의 이 예언은 "악법도 법이다"라는 말로 요약되는 법에 대한, 국가 권력에 대한 소크라테스의 보수적이고 순응적인 태도와 명백히 모순되지 않는가? 자신이 죽은 뒤에, 혹은 자신의 죽음으로 인해서, 법이 엄단한 철학이 좀 더 광범위하게 확산되고 좀 더 많은 사람들에 의해 실천될 것이라는 소크라테스의 예언은 부당한 법과 권력에 대항하라는 시민들에 대한 호소로, 시민들의 저항권에 대한 암시로 해석되지 못할 아무런 이유가 없다.

실제로 과거 국정 교과서에 포함되어 국민 모두에게 교육되던 "악법도 법이다"라는 말은 소크라테스가 한 말이 아니다. 물론 소크라테스가 실제로 그러한 말을 한 적은 없더라도, 『크리톤』의 특정 문장들이 그러한 의미로 해석될 수 있는 여지가 있다는 것은 사실이다. 가령 소크라테스는 자신에게 탈출을 권유하는 크리톤을 설득하기 위해 법률과 자신 간의 가상 대화를 꾸며 다음과 같이 말한다.

"소크라테스여, 말해다오. 그대는 무엇을 하려고 하고 있나? 그대는 그대가 하려는 이 일로써 우리 법률과 온 나라를, 그대와 관련되는 한, 망쳐 놓으려는 생각을 하고 있는 게 아니겠나? 혹시 그대가 생각하기엔 이런 나라가, 즉 나라에서 일단 내려진 판결들이 아무런 힘도 쓰지 못하고 개인들에 의해 무효화되고 손상되었는데도, 그런 나라가 전복되지 않고서 여전히 존속할 수 있을 것 같은가?"*

소크라테스에 따르면, 자신에게 내려진 판결이 아무리 부당한 것이라고 하더라도, 일단 내려진 판결을 따르지 않는 것은

---

* 『크리톤』, 50a.

국가의 법률 시스템을 교란시키는 일이며, 이는 자신을 키워주고 지켜준 국가를 위태롭게 만드는 일로서 부당한 일이다. 더구나 자신은 이 국가의 법률 시스템이 마음에 들지 않았다면 언제라도 다른 나라로 떠나 살 수도 있었다. 그럼에도 불구하고 이 국가에 남아 지금까지 혜택을 받으며 살아 왔다면, 이는 이 국가의 법률을 지키겠다고 동의한 것이며, 이제 자신에게 내려진 판결이 부당하다는 이유로 탈옥을 한다면 이는 국가와의 합의 사항을 부당하게 지키지 않는 일이다.* 이러한 소크라테스의 논증을 "악법도 법이다"라는 한 문장으로 요약하는 것은 적절해 보인다.

그러나 문제는 이러한 소크라테스의 태도가 『변론』에서 확인되는 그의 태도와 모순된다는 사실이다. 소크라테스는 『변론』에서 배심원들에게 판결이 어떻게 내려지든 자신은 자신이 옳다고 믿는 바를 계속해 나갈 것임을 명백히 선언하고 있으며("저를 무죄 방면하시거나 그러지 마시거나 하십시오. 제가 달리 처신하는 일은 없을 테니까요."),** 실제로 과거 자신이 판결 결과

---

* 『크리톤』, 51c-53a.
** 『소크라테스의 변론』, 30c.

나 국가의 명령에 불복하여 자신이 옳다고 여기는 바를 했던 두 가지 일화를 소개하고 있다.* 이러한 소크라테스 모습은 앞서 『크리톤』의 특정 문장들을 통해 확인한 법률에 대한 소크라테스의 입장과 양립하기 어렵다. 그렇다면 대체 어떤 소크라테스가 진짜 소크라테스의 모습인가? 강정인은 자신의 기념비적인 논문, 「소크라테스, 악법도 법인가?」에서 『변론』과 『크리톤』 사이에서 발견되는 소크라테스의 내적 모순과 관련된 다양한 논의를 소개하고 있다.** 그리고 이 논문을 통해 확인할 수 있는 명백한 사실은, "악법도 법이다"는 소크라테스가 직접 한 말이 아니며, 설사 특정 구절을 통해 이러한 해석이 가능하다고 해도 "그러한 해석은 단지 전통적으로 유력한 해석의 하나에 불과할 뿐"이라는 것이다.***

　그런데 소크라테스의 내적 모순은 『변론』과 『크리톤』 사이에서만 발생하는 것이 아니다. 『크리톤』 안에서도 이러한 모순은 발견할 수 있다. 사실 앞서 인용한 소크라테스의 발언은

---

* 　32b-32d.
** 　강정인, 「소크라테스, 악법도 법인가?」, 『한국정치학회보』, 제27집 2호, 1994, 7-35쪽.
*** 　강정인, 「소크라테스, 악법도 법인가?」, 9쪽.

소크라테스의 죽음
감옥 안에서 제자들과 영혼의 불멸성에 대해 토론한 뒤, 마침내 독약을 마시는 소크라테스
자크루이 다비드, 1787

소크라테스가 자신에게 탈출을 권유하는 크리톤을 설득하기 위해 전개한 첫 번째 논증이 실패한 뒤 의인화한 법률과의 대화로 구성된 새로운 논증을 시작하는 후반부 논의의 첫 부분이다. 김유석에 따르면 소크라테스와 크리톤의 대화로 구성되는 『크리톤』의 전반부의 주제는 "어떤 식으로든 부정의를 행해서는 안 된다"는 것인 반면, 의인화된 법률과 소크라테스의 대화로 구성되는 후반부의 주제는 "국가를 설득하거나 그렇지 않다면 복종해야 한다"는 것으로서 이 둘은 서로 양립하기 어렵다.[*] 국가가 요구하는 것이 정의롭지 못할 때, 이 요구는 전반부의 주제에 따르면 결코 행해서는 안 되는 것이지만, 후반부의 주제에 따르면 일단 국가를 설득하지 못한다면 복종해야 하는 바의 것이다.

그렇다면 이렇게 모순되는 서로 다른 주제가 한 권의 저서에 동시에 제시되는 이유는 무엇인가? 김유석은 『크리톤』이 다루는 문제의 특성과 이 대화편의 주인공인 크리톤이라는 인물에서 그 이유를 찾고 있다. 즉 『크리톤』에서 다루어지는 문

---

[*] 김유석, 「크리톤은 왜 소크라테스의 탈옥을 단념했는가?」, 『수사학』, 제12집, 2010, 72쪽.

제는 소크라테스가 탈옥을 해야 하느냐 마느냐에 대한 것으로서 플라톤의 다른 대화편과는 달리 진리의 탐색에 그 목적이 있지 않다. 이 대화편은 소크라테스의 목숨을 담보하고 벌어지는 논쟁으로서 어느 선에서 학문적 타협이 가능한 논쟁이 아니라, 양단간에 어떻게든 결론이 나야만 끝이 나는 논쟁이다. 그런데 이 목숨을 건 논쟁에서 소크라테스의 상대방은 철학에 문외한인 크리톤이다. 다른 대화편에서와 마찬가지로 그는 소크라테스의 논의를 거의 이해하지 못하고, 작품의 전반부에서 이루어진 소크라테스의 철학적 논증이 끝나자, "소크라테스, 자네가 묻는 것에 대해서 내가 대답을 할 수가 없구먼. 나는 이해를 못하겠기 때문이네"*라고 고백한다. 그렇다면 이제 소크라테스가 작품의 후반부에서 전반부의 논의와는 양립할 수 없는 주장을 펼치는 이유를 어렵지 않게 이해할 수 있다. 어떻게든 결론을 내야 하는 논쟁에서 소크라테스는 철학적 논의로 자신의 오랜 친구 크리톤을 설득하기에 실패하자, 그에게 익숙한 계약과 합의라는 전통적 가치를 활용하여 크리톤을 설득하려고 시도하고 있는 것이다. "악법도 법이다"라는

---

* 『크리톤』, 50a.

말의 실체가 이러하다.

너 자신을 알라

한국에서 소크라테스가 철학에 문외한인 크리톤을 설득하기 위해 어쩔 수 없이 취한 전략적 논거를 소크라테스의 법에 대한 입장으로 오인하여(혹은 의도적으로 곡해하여) 그의 주장을 "악법도 법이다"라는 단순한 문장으로 요약한 뒤, 오랫동안 공교육을 통해 모든 국민들에게 교육해 왔다는 사실은 역사적 해석을 요구한다. 이러한 법규 준수 의무의 강조는 정당하지 못한 정권을 보위하고 시민의 저항권을 옭아매는 논거로 적극 활용되어 왔음에 분명하다. 다행히 2004년 11월 7일 헌법재판소는 "'악법도 법'이라며 독배를 마셨다는 소크라테스의 일화를 준법정신 강조를 위한 사례로 사용하는 것은 바람직하지 않다"고 판단하고, 교육인적자원부에 교과서를 고칠 것을 요청했다. 그리고 그 결과 현재 정규 교육과정에서 "악법도 법"이라는 내용은 더 이상 교육되지 않는다.

그러나 "소크라테스의 명예회복을 위하여" 작성되었다는 강정인의 논문이 발표된 것은 1994년이다. 변화는 매우 더디고 느리게 온다. 더구나 지금도 인터넷을 검색해 보면, "악법도 법이다"라는 말을 소크라테스의 이름으로 언급하는 사례들을 어렵지 않게 발견할 수 있다. 한 번 자리 잡은 세상의 편견과 인식은 좀처럼 바뀌지 않는다. 그것들을 바꾸기 위해서는 많은 시간과 노력이 필요하고, 때로는 소크라테스처럼 자신의 목숨을 걸어야 한다. 그리고 그렇게 목숨을 걸어도 아무런 변화도 이끌어내지 못하는 경우가 대부분일 것이다. 그러나, 그럼에도 불구하고, 이러한 시도는 계속되어야 한다. 그리고 이러한 시도를 위한 첫 걸음은 자기 자신에 대한 의심이며 질문이다. "너 자신을 알라" 역시 "악법도 법이다"와 마찬가지로 소크라테스 자신이 한 말은 아니지만, 그럼에도 이 말을 소크라테스의 것으로 평가할 수 있는 이유는 그가 자기 자신에 대해, 자기가 알고 있는 바에 대해 의심하고 질문했기 때문이다. 그리고 이러한 의심과 질문으로부터 시작해서 모든 것을 의심하고 질문했기 때문이다. 그것이 소크라테스가 자신의 죽음을 통해 인류에게 가르쳐준 바의 것이며, 서두에서 밝힌 바처럼, 그가 예수나 붓다, 공자와 같은 다른 종교의 시조들과 함께 4대 성인으로 추앙받는다면, 이것이 그 첫 번째 이유일 것이다.

02

데카르트의 죽음
—소문과 조롱

이재훈

네덜란드에서 스웨덴으로

데카르트는 1650년 2월 11일 새벽 4시경 스웨덴 스톡홀름 남쪽의 한 건물에서 폐렴으로 사망했다. 태어날 때부터 몸이 약했던 프랑스 철학자에게 스톡홀름의 추위는 견디기 어려운 것이었다. 그가 스톡홀름에서 지낸 이유는 무엇인가? 병약했던 어린 시절부터 추위에 약했고 추위를 싫어했던 그가 말이다. 프랑스 철학자를 그 추운 도시로 부른 것은 그의 친구이자 그의 철학의 신봉자였던 스웨덴 주재 프랑스 대사 샤뉘(Chanut)였다. 그는 데카르트에게 스톡홀름으로 오라고 편지를 반복해서 보냈다. 왜 그는 데카르트를 스톡홀름으로 부르려 애썼는가? 그것은 데카르트의 삶에 변화가 필요했기 때문이었다.

스웨덴으로 떠나기 전까지 데카르트가 거주하던 네덜란드

공화국은 유럽에서 가장 진보적이며 자유로운 국가였다. 그는 학문의 자유가 유럽의 다른 어떤 나라에서보다 더 보장된 곳이었던 네덜란드에서 오래 거주하면서 자유롭게 철학과 과학의 연구에 매진할 수 있었다.

　그러나 네덜란드의 대학들에는 데카르트 철학의 새로움에 반대하는 교수들이 적지 않았다. 위트레흐트(Utrecht) 대학에는 자신이 데카르트주의자라고 자처하면서 데카르트의 철학을 널리 알리려 했던 레기우스(Regius)와 같은 사람들도 있었지만, 보수적인 교수들은 데카르트와 그를 따르는 사람들을 맹렬하게 공격했다. 위트레흐트 대학의 총장이었던 보에티우스(Voetius)는 아리스토텔레스주의를 신봉하는 신학자였다. 그는 우주에 관한 코페르니쿠스의 견해를 전제로 삼는 데카르트의 철학을 위험한 것으로 인식했다. 실제로 우주가 과거에 사람들이 생각했던 것보다 훨씬 크거나 무한정하다는 생각은 기독교의 신앙과 충돌하는 것으로 받아들여질 수 있었다. 우주가 물질과 실체에 있어 무한하다는 생각은 창조와 구원의 역사를 의심스러운 것으로 만들고 기독교가 인간에게 부여해 온 세계 안에서의 영예로운 지위를 위태롭게 만드는 것으로 이해될 수 있었다. 위트레흐트 대학은 코페르니쿠스의 우

르네 데카르트(1596.3.31-1650.2.11)
17세기 프랑스 철학자. 그는 근대 철학의 아버지라고
불린다. 데카르트는 독감에 걸렸고 그의 병은 폐렴으
로 진행되었다. 그는 9일 동안의 투병 끝에 사망했다.
이것이 그의 죽음에 대한 공식적인 이야기이다.

주론을 둘러싼 논쟁이 격렬하게 일어난 곳이었다. 보에티우스
는 위트레흐트 대학의 데카르트주의자들을 탄압했고 마침내
1642년에는 데카르트 철학에 대한 연구와 교육을 공식적으로
금지했다. 또 1647년에는 레이덴(Leyden) 대학도 데카르트 철
학을 금지했다. 위트레흐트(Utrecht)와 레인덴(Leyden)에서의
논쟁으로 지친 프랑스 철학자에게는 생활의 변화가 필요했다.
이것이 샤뉘가 스톡홀름으로 오라고 데카르트에게 여러 차례
편지를 쓴 이유였다. 게다가 자신의 철학에 관심을 가지고 있
었으며 이미 서신 교환들을 통해 여러 철학적 문제에 대해 견
해를 나눈 적이 있는 스웨덴 여왕 크리스티나의 초청도 그를

스웨덴으로 이끌었다.

데카르트의 마지막 말
— "프랑스인의 피를 아끼시오!"(Épargnez le sang français!)

데카르트는 스톡홀름의 스웨던 궁정에서 여왕 크리스티나에게 철학을 가르치며 지냈다. 아침에 늦게 일어나는 습관을 가졌던 데카르트와 달리 그의 학생은 이른 새벽부터 왕성한 에너지로 활동하던 인물이었다. 크리스티나 여왕은 새벽 5시에 철학 수업을 받기를 원했고 추운 날의 이른 기상과 활동으로 인해 데카르트는 독감에 걸리게 되었다. 독감은 폐렴으로 진행되었고 9일 동안의 투병 끝에 데카르트는 사망했다. 이것이 데카르트의 죽음에 대한 공식적인 이야기이다.

이 이야기에 따르면 그의 죽음에는 독약을 마시고 사망한 소크라테스나 화형으로 생을 마감한 브루노(Bruno)와 같은 철학자의 죽음에서 보이는 극적인 요소가 존재하지 않는 것처럼 보인다. 그렇다면 그의 마지막 말은 어떠한가? 그는 소크라테스처럼 죽음을 앞두고 자신의 심오한 생각을 함축적으로 혹은 수수께끼 같은 방식으로 표현했는가? 소크라테스는 마지막 순간에 다음과 같은 수수께끼 같은 말을 남겼다. "이보게 크리톤, 아스클레피오스에게 닭 한 마리를 빚졌다네. 자네가 기억했다가 대신 갚아주게나." 이 말을 니체는 다음과 같이 해석한다. 병자를 치료하는 신인 아스클레피오스에게 빚을 졌다니! 소크라테스가 병자였단 말인가? 그는 죽음을 삶이라는 병을 치유하는 해결책으로 이해했던 것인가? 후설이 죽음을 앞두고 남긴 말도 매우 인상적이다. 그의 부인의 증언을 따르면, 후설은 그의 병세가 몹시 위중해진 어느 날 아침 아주 깊은 잠에서 깨어난 후 기쁨에 찬 표정으로 두 팔을 벌리면서 이렇게 말했다고 한다. "나는 완전히 놀라운 어떤 것을 보았다. 그럴 수 없어, 나는 너에게 그것을 말할 수 없다. 그럴 수 없어!"

데카르트는 생의 마지막 순간을 앞두고 무슨 말을 남겼는가? 근대 철학의 아버지가 죽음을 목전에 두고 침대에서 한 말 중 우리에게 전해오는 것은 이것이다. "프랑스인의 피를 아끼시오!" 이 말은 그가 사혈을 거부하면서 외친 말이다. 이 말은 전혀 수수께끼 같은 것으로 들리지 않는다. 그러나 이 말은 그의 죽음이 곧 하나의 수수께끼로 변모되는 이유를 함축한다.

투병 중인 데카르트에게 크리스티나 여왕은 궁정 의사 판 뷜렌(van Wullen)을 보낸다. 그러나 데카르트는 그의 치료를 거부한다. 특히 그는 이 궁정 의사가 사혈을 하려고 하자 맹렬히 거부하면서 이 말을 외친다. "프랑스인의 피를 아끼시오!" 데카르트는 이 의사에 대해 잘 알고 있었다. 이 의사는 갈레노스의 의학 사상을 가진 의사였고 이것은 그가 데카르트의 철학, 특히 생리학과 의학에 적대적이라는 사실을 의미했다. 갈레노스(129-199)는 고대 의학을 집대성한 사람이고 그의 의학 이론은 근대 이전까지 유럽의 의학을 지배했다. 그는 히포크라테스의 체액설을 받아들였다. 체액설에 따르면 사람의 몸은 네 가지 체액 즉 피, 점액, 황담즙, 흑담즙으로 구성된다. 체액설에 따르면 이 네 가지 체액이 균형 있게 섞여 있는 상태가 건강한 상태이며 병은 체액의 불균형한 구성으로 인해 발생한다. 따라서 이 이론에 의하면 치료는 균형을 무너뜨린 체액을 빼내는 것이었다. 사혈법은 르네상스 시기까지 매우 중요한 치료법이었으며 데카르트가 살던 당시에도 사혈법이 여전히 광범위하게 받아들여지고 있었다.

데카르트는 이 전통적인 의학을 거부하며 사혈법을 주요한 치료법으로 받아들이던 당대의 의사들을 비판했다. 이것은 신체를 바라보는 그의 견해에 근거한다. 그에게 신체는 기계와 다르지 않고 병은 기계의 고장과 원리에 있어서 동일하다. 영혼 없는 동물 내지 인간 신체가 기계라는 것은 데카르트의 심신 이원론의 필연적 결과이다. 그리고 신체의 구성과 작용은 오직 기계론적으로 설명된다. 이는 신체가 그 자체로 고려했을 때 영혼과 같은 원리에 의해 기능하지 않고 오직 기관들의 배치에만 의존해 작동하는 기계라는 것을 의미한다. 데카르트는 그의 자연학 저서 『세계』에서 인간 신체에 대해 다음과 같이 말한다. " … 신의 손에 의해 만들어진 이 신체 … 인간들에 의해 고안될 수 있는 어떤 기계들보다 비교될 수 없을 정도로 더 잘 정돈되어 있고 자기 안에 더 놀라운 운동들을 가지고 있는 하나의 기계."

데카르트의 신체에 대한 기계론적 탐구에서 병은 신체-기계를 이루는 부분들이 고장나거나 그것들의 배치에 문제가 생긴 것으로 이해한다. 그러므로 병에 대한 치료는 기계 기술자가 기계의 부품을 고치거나 부품들 간의 연결의 문제점을 해결하는 것과 별반 다르지 않을 것이다. 이 같은 신체 이론을 전개한 데카르트가 체액설과 이것에 기반한 사혈법에 대해 비판적이었던 것은 당연한 일이었다. 그렇지만 그는 사혈의 유용성을 전적으로 부정하지는 않았다. 그는 매우 제한적 조건에서만 사혈이 유용하다고 생각했다. 실제로 그는 1646년 11월 23

일에 메르센느(Mersenne) 신부에게 보낸 편지에서 클레어슬리어(Clerselier)의 병과 그것의 치료에 대해 다음과 같이 쓴다.

"의사들이 처음에 그의 몸에서 사혈을 한 것은 옳았습니다. 나는 그것이 그의 고통 발생의 강력함이나 빈도수를 줄여줄 것이라 확신합니다. 그러나, 그들이 사혈을 만병통치처럼 여기는 파리의 대단하신 분들이기 때문에, 나는 사혈이 그에게 이롭다는 것을 본 후 계속해서 항상 그의 몸에서 사혈을 하지 않을까 걱정입니다. 그것은 그에게 신체의 건강을 되찾게 해 주지도 못하면서 그의 뇌를 아주 약하게 만들 것입니다."

또 데카르트는 병으로 고생하고 있던 엘리자베스 공주에게 사혈이 도움이 될 수도 있지만 "그것은 자주 사용할 경우 생명을 단축시키는 위험이 따르는 치료이기 때문에 그것들을 사용하는 것을 권하지 않습니다."라고 쓴다. 물론 사혈에 대한 그의 제한적 허용은 그가 체액설을 받아들였다는 것을 의미하지 않는다. 이랬던 그가 죽음을 목전에 앞두고 절망 속에서 판 빌렌에게 사혈을 허용한다. 왜 데카르트는 사혈을 받아들였는가? 그것은 고통을 줄이기 위해서였는가? 아니면 죽음 앞에서 지푸라기라도 잡는 심정으로 자신의 이론에 대립하는 치료법을 허용한 것인가? 아니면 몸에 퍼진 독을 제거하기 위해 사혈을 허용한 것인가?

데카르트의 죽음에 대한 소문
—비밀인데 … 사실은 독살이래

독일인 저널리스트 테오도르 에베르트(Theodor Ebert)는 2009년에 출판한 그의 책 『데카르트의 죽음의 수수께끼』에서 데카르트가 사실은 독살당했다고 주장한다. 에베르트의 주장이 아니더라도 이미 데카르트의 사후 스톡홀름의 궁전에는 그가 폐렴으로 사망한 것이 아니라 독살되었다는 소문이 나돌았다. 그가 독살당했다는 소문은 이미 오래된 것이었다. 에베르트는 새로운 증거들을 모아 데카르트의 죽음에 관한 논쟁을 다시 불러일으켰다. 그에 의하면, 스톡홀름 주재 프랑스 대사이자 데카르트 철학의 신봉자였던 샤뉘(Chanut)의 부속사제였던 프랑수아 뵤귀에(François Viogué)가 1650년 2월 2일 영성체에 비소를 섞어 주는 것으로 데카르트를 살해했다. 이 주장이 타당한 것으로 받아들여지기 위해서는 데카르트가 독살되었다는 의학적 증거와 범행의 동기가 명확하게 밝혀져야 할 것이다.

그러나 에베르트가 제시하는 의학적 증거는 설득력이 떨어진다. 그는 데카르트의 병을 관찰한 사람들의 증언들을 기초로 해서 그가 폐렴이 아니라 비소 중독으로 죽었다는 결론을 내린다. 폐렴 발병 후 데카르트는 코 점액에 의해 발생한 위장 장애를 가지게 되었다. 에베르트는 이 사실로부터 그에게 설사가 있었다고 추론하고 또 이것으로부터 그가 비소에 중독되었다고 추론한다. 그러나 데카르트가 설사를 했다는 것은 에베르트의 추론일 뿐 그것에 대한 증거는 어떤 자료에도 없다. 또 에베르트는 데카르트가 구토제(포도주에 담배를 섞은 것)를 먹었다는 사실을 비소 중독의 증거로 내세운다. 그는 데카르트가 자신이 독극물에 중독되었다는 것을 알고 있었고 몸에 있는 비소를 빼내기 위해 구토제를 먹었다고 추론한다. 그런데 당시에 구토제는 다양한 목적들을 위해 사용되었다. 따라서 데카르트가 구토를 통해 몸 안의 독극물을 제거하려 했다고 추론하는 것은 설득력이 떨어진다. 또 에베르트는 데카르트가 2월 8일에 사혈에 동의했다는 것을 데카르트 자신도 독극물 중독을 의심했다는 것의 증거라고 주장한다. 그러나 사혈은 당시 의사들이 광범위한 목적으로 사용하던 치료법이다. 사실 주변인들의 증언들과 사망의 원인으로 공식적으로 진단된 폐렴 사이에 어떤 불일치가 없다. 즉 호흡 곤란, 식욕 부진, 위장 장애, 두통, 고열, 비정상적 소변, 검은 가래 등은 그가 폐렴에 걸렸을 가능성이 크다는 것을 보여준다. 그러나 에베르트는 데카르트에게 취해진 치료들을 당대의 의학의 관점에서 보지 않는 오류를 범한다.

그렇다면 에베르트는 독살의 동기가 무엇이라고 추정하는가? 뵤귀에(Viogué) 신부는 크리스티나 여왕이 가톨릭으로 개종하기를 원했다. 그러나 그는 데카르트 철학이 이 개종에 방해물이 되지 않을까 걱정했다. 에베르트에 의하면, 이 신부는 데카르트가 신실한 가톨릭 신자인지 아닌지 의심했다. 이 염려는 뵤귀에 신부만의 것은 아니었다. 당시 많은 성직자와 신학자들이 데카르트를 가톨릭 교회에 위협적인 인물로 간주했다. 당시 교회의 데카르트에 대한 공격은 특히 화체(transsubstantiation)의 문제를 둘러싼 논쟁과 관련이 있다. 데카르트는 1645년 2월 멜랑(Mesland) 신부에게 보낸 편지에서 화체에 대한 자신의 견해를 밝힌다. 그의 설명에 의하면, 성체에서 일어나는 화체의 기적에서 그리스도의 영혼은 빵과 포도주의 부분들 각각에 결합한다. 그런데 이 설명은 가톨릭의 교리와 일치하지 않는 것이었다. 가톨릭 교리는 화체를 통해 그리스도의 몸과 피가 빵과 포도주 안에 현전한다고, 다시 말해 빵과 포도주의 표면은 변화하지 않지만 그것들의 실체는 그리스도의 몸과 피로 변화한다고 가르친다. 당대 가톨릭 신학자들이 보기에 데카르트의 설명은 개신교의 입장과 가까운 것이었다. 아우구스티누스주의자인 스톡홀름의 신부 역시 화체에 대한 데카르트의 견해를 이교도적인 것으로 간주했다. 데카르트 사후 1654년에 클레어슬리에(Clerselier)에게 보낸 편지에서 그는 데카르트의 자연학과 가톨릭의 화체 이론 사이에 모순 있다고 쓴다. 이를 토대로 에베르트는 뵈귀에 신부가 데카르트를 이교도로 간주했고 그를 가톨릭 신앙에 위험한 인물로 인식했다고 해석한다. 이 신부는 이교도를 죽이는 것은 큰 죄가 아니라고 믿었을지도 모른다. 물론 샤뉘도 데카르트가 혹시 암살당한 것은 아닌지 의심했다. 크리스티나도 당시 상황에 대해 의문을 가졌었다. 궁정을 둘러싼 상황은 데카르트의 죽음을 암살로 추측하게 할 만한 요소들을 다분히 가지고 있었다. 그 요소들은 종교적이고 정치적인 것이었다. 당시에 데카르트 철학은 정치가 종교로부터 자유롭게 되는 세속적인 사회의 철학적 토대로 간주되었다. 보수적인 가톨릭의 성직자와 학자에게 데카르트는 위험한 적이었다. 그를 독살하고자 하는 사람이 있었을 수도 있다. 그러나 암살을 사실로 받아들이기에는 증거가 불충분하고 확실하지도 않다. 데카르트의 병의 마지막 증상들은 폐렴을 지시한다고 보는 것이 더 합리적이다. "암살에 대한 소문은 퍼졌고 바로 사라졌다."

암살에 대한 소문은 데카르트 철학의 새로움에 대한 증거이다. "프랑스인의 피를 아끼시오!" 이 외침에는 그의 의학의 새로움과 이것이 전통적 의학과 겪고 있던 대립과 갈등이 담겨 있다. 또 그의 철학의 급진적 성격으로 인한 논쟁과 갈등이 없었더라면 그가 추운 도시에서 살다가 폐렴에 걸려 죽을 일도 없었을 것이다.

조롱 - 데카르트가 죽었다고?

데카르트의 죽음 몇 주 후 한 신문(La Gazette d'Anvers)은 그를 조롱하는 듯한 글을 싣는다. "그는 스웨덴에서 죽었다. 그가 원하는 만큼 살 수 있다고 말했던 미친 인간이." 데카르트는 어린 시절 병약한 아이였고 안색이 창백하고 기침을 달고 살았다. 그의 가족 주치의는 그가 오래 살지 못할 것이라고 말했다. 이런 이유에서인지 데카르트는 생명 연장의 욕구를 강하게 가졌으며 이것을 실현하기 위한 생리학과 의학 연구에 열중했다. 실제로 그는 자신이 이 연구에서 큰 진전을 이루었다고 말하곤 했다. 그는 인간의 생명 연장의 가능성에 대해 진지하게 생각했고, 적어도 일정 기간 동안에는 장수를 위한 효과적인 식이요법을 발견했다고 자랑했다. 이 주제에 대한 그의 관심은 1630년경으로 거슬러 올라간다. 1630년 1월에 메르센느에게 보낸 한 편지에서 그는 다음과 같이 쓴다. "당신이 단독(丹毒)에 걸려 유감스럽습니다. … 내가 결점 없는 증명들에 기초한 의학을 발견할 수단이 있는지 알게 될 때까지는 건강에 유의하시길 부탁합니다. 지금 저는 이 수단을 찾고 있습니다." 그리고 1630년 11월 25일에 메르센느에게 보낸 편지에서 그는 『굴절광학』 집필을 마친 후 자신과 친구들에게 유용한 의학 연구에 집중하려 한다고 말한다. 이를 위해서 그는 생리학 이론을 먼저 구성해야 했다. 그래서 1632년경 『인간』이 작성되었다. 『인간』에서는 인간과 유사한 상상의 기계가 그려지며 유기체는 상상적 기계와 마찬가지로 기계론적인 방식으로 작동한다고 말해진다. 물론 이 시기 생리학에 기초한 생명 연장의 기획은 그저 기획일 뿐이었다. 아직 실천적 수준에서는 중요한 성과가 이루어지지 않았다. 그럼에도 불구하고 그는 이 기획에 대해 낙관적이었다. 그는 『방법서설』 6부에서 다음과 같이 이 낙관적 기획에 대해 서술한다.

"왜냐하면 정신도 신체의 기질과 신체 기관들의 배치에 아주 강하게 의존하기 때문에, 만일 인간들을 이제까지보다 더 현명하고 더 능숙하게 만들어 줄 어떤 수단을 찾는 것이 가능하다면, 나는 그것을 의학에서 찾아야 한다고 생각한다. 사실 현재 사용되고 있는 의학은 주목할 만한 유용성을 가진 것을 적게 포함한다; 그러나 이 의학을 무시할 의도는 없으며 우리가 아는 모든 것이 알아야 할 것으로 남아 있는 것에 비교할 때 거의 아무것도 아니며 그것들의 원인과 자연이 제공하는 모든 치료법에 대한 충분한 지식을 가진다면 신체뿐 아니라 정신의 무수한 질병으로부터 또 아마도 노화로 인한 쇠약으로부터도 우리가 벗어날 수 있을 것이라는 사실을 인정하지 않는 사람은 아무도 없다고, 심지어 의학에 종사하는 사람 중에도 그런 사람은 아무도 없다고 확신한다."

데카르트의 『방법서설』

데카르트의 대표 저서 중 하나. 이 책에서 그는 "나는 생각한다,
고로 존재한다(Cogito ergo sum)"를 철학의 제일원리로 제시했다.

『방법서설』 출판 이후 데카르트는 의학 연구에 집중한다. 그는 하위헌스(Huygens)에게 1638년 1월 25일 보낸 편지에서 더 길고 더 행복한 노년의 가능성을 주장하며 이를 위해 의학에 대한 한 논고를 작성하고 있다고 말한다.

> "우리가 삶의 식이요법에서 범하고는 하는 어떤 잘못들을 방지하기만 하더라도 우리는 다른 발명품들 없이도 지금보다 더 길고 더 행복한 노년에 도달할 수 있을 것이라는 점은 내게 매우 분명해 보인다. 그러나 이 문제에 도움이 될 모든 것을 검토하기 위해서는 많은 시간과 실험들이 필요하기 때문에 나는 지금 의학에 대한 요약집(abregé de Medicine) 하나를 작성하고 있다."

또 피코(Picot) 신부의 말을 따르면 데카르트는 인류가 수 세기에 걸쳐 살아가는 방법이나 의술을 발견하면 500살까지 사는 것이 가능할 것이라고 주장했다. 이처럼 데카르트는 인류가 과학과 기술을 통해 병과 노화로부터 자유로운 삶에 도달할 수 있다고 믿었다. 그러나 데카르트의 낙관주의와 희망은 점차 무뎌진다. 1634년 10월 15일에 그의 딸 프랑신느

(Francine)가 태어난다. 프랑신느는 그와 그가 머물던 집의 가정부 헬레나 얀스(Helena Jans) 사이에서 태어난 딸이다. 그는 자신의 딸을 각별히 사랑했다. 그런데 그의 딸이 1640년 열병으로 세상을 떠나게 된다. 그는 딸의 열병을 치료할 수 없었다. 딸의 죽음은 그의 삶에 가장 큰 비탄을 안겨준 사건이었다.

딸의 죽음 이후에도 데카르트는 인간의 생을 연장할 수는 있다고 이전처럼 생각했지만 점차 자신의 기획에 대해 조심스럽고 신중한 태도를 취하게 되었다. 그의 의학 연구와 생명 연장의 기획은 다른 국면으로 접어들게 된다. 실제로 데카르트는 1645년 에그몽(Egmond)에서 뉴캐슬 후작에게 보낸 편지에서 그 기획에 대해 이전과 같은 확신을 보여주지 않는다. 마찬가지로 1646년 6월 15일에 샤뉘(Chanut)에게 보낸 편지에서도 그는 의학 연구에 대해 느끼고 있는 불만족을 표현한다. 이처럼 그가 『방법서설』에서 보여주었던 확신은 점차 약화되어 갔다. 그럼에도 불구하고 사람들은 데카르트가 생명 연장의 기획 내지 비밀을 가지고 있다고 믿었다. 그런 그가 죽었다고? 독감에 걸린 결과로? 크리스티나 여왕도 그와 생명 연장에 대한 대화를 나눈 적이 있다. 그녀는 데카르트의 죽음 이후 "그의 신탁들이 그를 속였다."라고 농담조로 쓴다.

데카르트의 죽음과 새로운 시대

데카르트의 죽음은 지극히 평범하다. 거기에는 별다른 극적인 요소가 존재하지 않는다. 그러나 그의 죽음은 역사적 관점에서 보았을 때 중요한 의미가 있는 사건이 된다. 그의 죽음을 둘러싼 사건들은 그의 사유의 새로움이 의학, 자연과학, 정치, 그리고 종교의 영역에서 불러일으킨 대립을 표현한다. 가톨릭 신학자들과 보수적 정치인들에 의해 위험한 인물로 낙인찍힌 데카르트를 그의 건강에 해로울 수 있는 추운 기후를 가진 스톡홀름으로 이끈 것도 이 대립이었고, 죽음을 목전에 둔 데카르트가 "프랑스인의 피를 아끼시오!"라고 외치게 만든 것도 이 대립이었으며, 그의 죽음을 둘러싼 소문도 이 대립을 표현했다. 스톡홀름의 혹독한 추위 속에서 데카르트의 신체–기계는 고장이 나고 말았다. 그는 새벽에 기상하는 크리스트나 여왕의 습관에 맞추어 이른 시간에 철학 수업을 해야 했다. 늦잠을 자는 습관이 있었던 그의 신체-기계는 추운 겨울의 새벽 공기에 적합하지 않았다. 그러나 불행하게도 그의 의학은 자신의 병을 치료할 지식과 기술을 갖추는 데까지는 발전하지 못했다. 폐렴을 극복하지 못하고 사망한 데카르트는 조롱의 대상이었다.

오늘날에도 그를 조롱할 수 있는가? 그의 생리학과 의학 이론은 인간의 건강과 복지를 향한 진보에 결정적인 기여를 하지 않았는가? 그의 기계론적 의학의 새로움이 아니었다면—데카르트 자신도 신체와 질병을 기계론적으로 파악하는 것의 한계를 잘 알고 있었다—오늘날의 의학적 성과가 가능할 수 있었을까? 신체가 어떤 면에서 기계와 같고 그것을 의술을 통해 고칠 수 있다는 생각은 분명 인류에게 큰 이로움을 가져다 주었다. 그의 죽음을 둘러싼 소문과 조롱을 뒤로 하고 데카르트가 시작한 새로운 학문과 기술의 시대가 펼쳐졌다. 그리고 우리는 데카르트에서 시작한 근대 의학이 제공하는 이로움을 거부할 수 없는 시대를 살고 있다.

03

철학자의 (상상된) 시신 기증*
—1763년 장 자크 루소의 유서

김영욱

* 모든 루소 인용은 플레이아드(Pléiade) 판 전집을 따르며 "OC"와 권수, 쪽수로 표기한다. 번역은 저자의 것이다. 번역본이 있는 『에밀』, 『사회계약론』, 『고백』의 경우, 독자의 편의를 위해 해당 위치를 함께 표기한다. 번역본 서지사항은 다음과 같다. 장 자크 루소, 『에밀 또는 교육론』 1, 문경자, 이용철 옮김, 한길사, 2007; 『사회계약론』, 김영욱 옮김, 후마니타스, 2022; 『고백록』 1, 이용철 옮김, 나남, 2012.

죽이는 기술로서 의학

　장 자크 루소(Jean-Jacques Rousseau, 1712-1778)는 누구보다 가혹하게 의학을 비판했고 의사들을 비난했다. 1762년 출간된 『에밀(*Émile*)』 1권의 한 대목이다. "허약한 몸은 영혼을 약화시킨다. 이로부터 의학의 지배력이 나온다. 의학이란 기술은 그것이 치유하겠다고 말하는 모든 병보다 인간에게 더 해롭다. 나로서는 의사들이 어떤 질병을 고친다는 것인지 알지 못한다. 하지만 그들이 우리에게 아주 치명적인 질병을 준다는 것은 안다. 그것은 비겁, 심약함, 경신(輕信), 죽음의 공포다. 그들은 몸을 고칠지라도 용기를 죽인다. 의사들이 시체를 건게 만든다고 해서 우리와 무슨 상관인가? 우리에게 필요한 것은 인간이다."*

18세기 유럽의 의학은 해부학, 화학, 생리학의 발전과 함께 지식과 이론을 축적했다. 하지만 실제 치료를 목적으로 하는 임상의학은 아직 미숙하고 무능했다고 쉽게 추측할 수 있다. 19세기 독일의 코흐(Robert Koch)와 프랑스의 파스퇴르(Louis Pasteur)가 세균의 의학적 의미를 발견하기 전이라면, 외과수술이 얼마나 성공적일 수 있었을까? 많은 경우 까닭도 모른 채 감염으로 상태가 악화되어 위험에 빠졌을 것이다. 이런 현실을 감안하면 루소의 불신이 단지 몰상식해 보이기만 하지 않는다. 그는 정말로 "의사들이 어떤 질병을 고친다는 것인지 알지 못한다."

루소의 비판은 결과론에 머물지 않고 도덕적이다. "그들은 몸을 고칠지라도 용기를 죽인다." 의학은 오히려 인간의 신체보다 정신에 더 큰 영향을 끼친다. 인간은 자신의 존재를 의학적 관점에서 보자마자 나약해지고 비굴해지고 소심해진다. 의학은 우리를 불확실한 공포와 희망 안에 몰아넣어 자신에 대한 자율적 인식과 행동의 권리를 박탈한다.

---

* OC IV, p. 269 ; 『에밀』 1, p. 90.

장 자크 루소(1712. 6. 28-1778. 7. 2)
장 자크 루소는 18세기 중반 제네바 출신 철학자의 삶
과 사유를 기술한 『고백』으로 근대 자서전 장르를 열
었다.

이 점에서 루소의 의학 비판은 그의 정치철학과 유비를 이
룬다. 정치철학에서 안전보다 자유를 중시함으로써, 루소는
절대적 권한을 가진 왕 아래에서 모든 이가 노예와 같다고 역
설했다. 『사회계약론(*Du contrat social*)』의 비유는 신랄하다.
"키클롭스의 동굴에 갇힌 그리스인들도 거기에서 안전하게 살
았다. 자신이 잡아먹힐 차례가 오길 기다리면서."* 죽음의 공
포에 잠식당한 인간은 더 이상 자유롭지 않다. 왕 앞에서 그러
한 인간이 노예라면, 의사 앞에서는 시체다. 의사는 근대인의

---

* OC III, pp. 355-356 ; 『사회계약론』, p. 17.

자유를 말살하는 또 다른 인간형으로 등장한다.

곧이어 자신의 전형적인 추론 방식에 따라 루소는 도덕론을 불평등한 사회와 근대적 주관성 비판으로 확장한다. "우리에게 의학이 유행이다. 그럴 수밖에 없다. 그것은 시간을 어떻게 써야 할지 몰라 자신을 보존하는 일로 시간을 보내는 한가하고 할 일 없는 사람들의 오락이다. 그들이 불행히도 불멸의 존재로 태어났다면 가장 비참한 존재가 되었으리라. 잃을까 두려워할 일이 없는 삶은 그들에게 아무런 가치가 없다. 이런 자들에게 의사가 필요하다. 의사는 그들을 협박함으로써 아첨하고, 그들이 누릴 수 있는 유일한 쾌락을 매일매일 제공한다. 그것은 죽은 사람이 아니라는 쾌락이다."[*]

근대사회에서 의학이 유행인 까닭은, "한가하고 할 일 없는 사람들"이 많아졌기 때문이다. 유한계급은 세상의 진정한 의무도 즐거움도 모르기에 자신을 보존하는 일에 매달리고 오직 그로부터 쾌락을 찾는다. 그들은 죽지 않기 위해 산다. 따라서 그들은 언제든지 죽을 수 있는 존재여야 한다. 유한계급은 끊임없이 죽음을 생각하는 동시에, 자신이 죽음을 거우 모면하

---

[*] OC IV, p. 269 ; 『에밀』 1, p. 90.

고 있다고 생각하며 성취감과 행복을 음미한다. 의사는 가난한 사람들의 삶에 기여하는 일에 관심이 없다. 그는 부자들의 공허에 협력한다.

한편 의사는 폭군, 유한계급의 편이지만 철학자와도 멀지 않다. "하지만 나는 사람들이 의학의 유용성과 진리의 탐구에 대해 같은 궤변을 늘어놓는 것을 관찰하지 않을 수 없다. 그들은 똑같이, 환자를 치료하면 그를 회복시킨다고, 진리를 탐구하면 그것을 발견한다고 가정한다. 그들은 의사가 수행하는 치유의 이득을 그가 살해하는 환자 백 명의 죽음과 비교해야한다는 것을, 발견된 진리 하나를 그와 동시에 나타나는 오류들의 피해와 비교해야 한다는 것을 알지 못한다. … 우리가 진리를 모르는 법을 안다면 결코 거짓에 속지 않을 것이고, 자연에 반하여 치유하길 원하지 않는 법을 안다면 결코 의사 손에 죽지 않을 것이다."[*]

병의 치료가 대개 실패하듯이 진리의 탐구도 대개 실패한다. 그리고 그 결과는 개인적인 차원에 머물지 않고 참혹하다. 이때 최선은 잘못된 의술에 희생되지 않는 것, 진리라고 자처

---

[*] OC IV, pp. 269-270 ;『에밀』1, pp. 90-91.

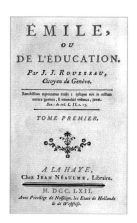

ÉMILE,
ou
DE L'ÉDUCATION.
*Par J. J. ROUSSEAU,
Citoyen de Genève.*

Sanabilibus aegrotamus malis ; ipsosque nos in rectum
natura genitos , si emendari velimus , juvat.
Sen : de ira. L. II. c. 13.

TOME PREMIER.

A LA HAYE,
Chez JEAN NÉAULME , Libraire.

M. DCC. LXII.
*Avec Privilège de Nosseign. les Etats de Hollande
& de Westfrise.*

루소의 『에밀』

『에밀』을 교육학의 고전으로만 읽는 것은 충분하지 않다. 루소는 이 책이 자신의 철학을 가장 종합적이고 체계적으로 담고 있다고 생각했다. 『에밀』은 18세기 중반 프랑스에서 '인간이란 무엇인가'에 대한 가장 치열한 고민을 전개한다.

하는 오류에 속지 않는 것이다. 몸에서도 정신에서도 인위적 작용의 위험을 모면해야 한다. 소크라테스와 플라톤이 철학자를 영혼의 의사로 규정하여 철학과 의학의 긍정적 유비를 설립했다면, 루소는 이 유비를 특유의 비판적 어조로 채색한다. 의학은 철학만큼 위험한 것이다. 의사의 오류가 몸을 죽인다면 철학자의 오류는 영혼을 죽인다.

의사는 폭군, 특권층, 철학자의 동류이며, 의학은 살리는 기술이 아니라 죽이는 기술이다. 의학은 도덕적 죽음, 사회정치적 죽음, 인식론적 죽음과 연관된다. 그런데 이 명제는 덕스러운 시민과 참된 철학자, 삶의 자연스러운 의무와 쾌락을 아는 인간에게 쓸모 있는 의학의 가능성을 배제하지 않는다. "따라서 나는 의학이 몇몇 사람에게 유용하리라는 것을 부정하지 않는다. 그렇지만 나는 의학이 인류에게는 치명적이라고 말한다."* 권력, 부, 진리가 그렇듯이 의학이 그 자체로 해로운 것은 아니기 때문이다. 그렇다면 루소 개인은 의학의 위험에서 벗어나 그것을 자신의 삶과 죽음을 위해 전용할 수 있는 인간일까?

---

* OC IV, p. 270 ; 『에밀』 1, p. 91.

시신 기증: 시민과 철학자가 죽는 방법

우리 시대라면 의학 비판이 더 문제가 되었겠지만 『에밀』은 다른 이유로 탄압의 대상이 되었다. 종교와 사회에 해로운 책을 쓴 저자에게 체포령이 내려지고, 루소는 곧장 파리에서 탈출해 조국 제네바로 피신한다. 하지만 기대와 달리 제네바는 그를 반기지 않았다. 어쩔 수 없이 그는 1762년 7월부터 1765년 10월까지 대략 삼 년간 모티에(Môtiers)에 거주한다. 그리고 전 유럽의 비난을 마주하고 피해망상으로 악화될 억울함에 사로잡히던 1763년 1월, 유서를 작성한다. 본문 다섯 문단과 부록 여덟 문단, 짧은 글이었다. 이 문서는 자신의 죽음을 상상하는 시민이자 철학자인 자의 욕망을 엿보게 한다.

유서는 첫눈에 평범하고 소박해 보인다. 주요 내용은 유산 처리에 대한 것이다. 아마 이 주제만큼 청렴한 시민이자 철학자이고자 했던 자의 자부심과 결합할 수 있는 것도 없을 것이다. 사실상 첫 문장은 이렇다. "나는 지금껏 살았던 것처럼 가난하게 죽기를 희망한다."* 그가 남길 유산은 얼마 되지 않을

---

* OC I, p. 1224.

것이고, 그러니 상속에 대한 지시도 길 필요는 없다. 그는 몇 안 되는 옷가지와 돈을 자신의 것으로 생각하지 않는다. "이 약간의 것도 나의 것은 아니다. 나는 내가 한 약속들과 감사의 법칙에 따라 그것을 처분해야 한다."* 결론은, 유산 대부분을 사실혼 관계였던 테레즈 르바쇠(Marie-Thérèse Levasseur)에게 남기겠다는 것이다.

그런데 의학을 혐오하는 철학자의 유서에서 뜻밖의 유언이 발견된다. 마지막 두 문단에서 루소는 오랫동안 자신을 괴롭힌 요폐(尿閉) 질환을 언급하고, 의사들이 이 병을 연구할 수 있도록 시신을 기증하겠다고 약속한다. 그는 자신의 병에서 관찰되는 특이성으로부터 본인 신체의 공적 가치를 도출한다. 자신의 삶을 앗아갈 이 질환은 "같은 종류의 다른 모든 질환과 너무나 달라서, 환부를 직접 조사하는 것이 공익을 위해 중요하다고 생각된다."고 밝힌다. 이어서 다음과 같이 덧붙인다. "이런 까닭에 나는 가능하다면 유능한 사람들이 내 몸을 열어 보길 희망하며, 여기에 내 병의 본성에 대한 노트를 첨부하여

---

* OC I, p. 1224.

그들의 작업을 지도할 것이다."*

이 유언은 작성자의 신분을 생각하지 않아도 충분히 낯설다. 16-17세기부터 실험적이고 경험적인 해부학이 빠르게 발전하고 있었다. 하지만 기대만큼 빠르진 않았다. 이론적 토대의 허술함은 제쳐두더라도 해부할 시신을 구하기가 무척 어려웠기 때문이다. 해부학자들은 사형집행일을 기다리거나, 무연고 시신을 입수하려 애썼다. 심지어 무덤을 파서 시신을 매매하는 시신 도굴꾼을 찾았다. 그만큼 시신 기증은 드물고 꺼리는 일이었다. 게다가 지금 시신을 기증하기로 한 자는 의학을 연구하고 신봉한 디드로(Denis Diderot) 혹은 라 메트리(Julien Offray de La Mettrie)가 아니라, 과격한 의학 비판자 루소다.

그렇지만 루소의 시신 기증 서약은 최소한 유서 안에서는 모순적이지 않다. 우선 이 약속은 유서의 기본 논리에 부합한다. 루소는 자신이 남길 "약간의 것"의 쓰임을 생각하고 있다. 옷가지와 푼돈 외에 가진 것이 없는 자에게 신체는 그가 남길 것 중 가장 큰 것이다. 유산에서 신체가 중요하게 다루어진다는 사실은 그만큼 신체의 주인이 가난한 삶을 살았다는 증거

---

* OC I, pp. 1224-1225.

다. 한편 유산은 계속해서 "약속들과 감사의 법칙"에 따라 처분된다. 지금껏 공적 발화에서 그랬던 것처럼 유서 첫 문장에서 자신을 "제네바 시민"으로 지시하는 루소에게, 가장 중요한 약속이자 의무는 자신을 보호해 준 국가와 사회의 "공익"을 위해 헌신한다는 것이다. 따라서 지금 루소가 내놓는 것은 시민의 신체다. 그는 죽어서 마지막 사회적 기여를 위해 자신의 몸을 해부대에 올린다. 또한 이 몸은 삶을 진리에 바치기로 맹세한 철학자의 것이기도 하다. '삶을 진리에 바친다.'(Vitam impendere vero.) 루소는 고대 로마 시인 유베날리스의 『풍자시집』에서 가져온 문구를 삶의 신조로 삼았다. 시신을 기증해 인간 지식의 진보에 조금이나마 더 기여한다면, 그는 삶은 물론이고 죽음마저 진리에 바친 철학자가 될 것이다. 진리를 위해 이렇게 모든 것을 바친 철학자가 또 있던가?

그러므로 루소의 시신 기증은 최후의 사회적이고 철학적인 행위다. 이때 루소는 시민과 철학자의 의무를 다하기 위해 필연적으로 의학에 굴복하는 것처럼 보인다. 해부학이 없다면 이 마지막 희생은 가능하지 않을 것이다. 하지만 그는 그렇게 순순하지 않다. "이런 까닭에 나는 가능하다면 유능한 사람들이 내 몸을 열어보길 희망하며…" 이 문장에서 가정법 "가능하다면"은 의학의 현 상황에 대한 회의를 굳이 드러낸다. 더구나 "약속들과 감사의 법칙"이 암시하는 의무의 윤리는, 할 일만 한다면 결과는 그리 걱정하지 않아도 된다는 장점을 가진다. 의학이 얼마나 발전하게 될지 죽은 자는 알 수 없다. 의무를 다한 개인은 그것으로 됐다. 루소는 위풍당당하게 해부대에 오르는 자신을 상상한다.

해부와 삶의 진실

루소가 예고한 바와 같이 유서에는 여덟 문단, 두 쪽 분량의 노트가 첨부되었다. 자신이 겪은 요폐 증상과 처치의 긴 역사를 기록한 글이다. 고전주의 시대를 연구하는 의학사가라면 비전문가 눈에 보이지 않는 특이점을 찾아낼 수 있을지 모른다. 하지만 루소의 독자에게 보이는 것도 있다. 그만큼 이 노트에 적힌 의학적 사실에는 유서 작성자의 강박 혹은 사유의 논리가 스며들어 있다.

요폐 증상은 이미 유년기에 시작되었고 20여 년 전부터 악화되었다. 루소는 오랫동안 그 원인이 "돌멩이", 즉 결석에 있다고 믿었다. 모랑(Sauveur-François Morand)을 비롯한 여러 의사가 이 돌을 찾으려 했으나 헛수고였고, 마침내 장 바제이악 (Jean Baseilhac)은 매우 정교한 소식자(消息子)를 이용해 돌이 없음을 확인했다. 증상 또한 결석의 부재를 입증한다. 보통 결석으로 인한 요폐가 발작적으로 발현된다면, 루소의 증상은 일상적이어서 그는 좀처럼 "만족"을 느끼지 못한다. 병의 전개로 보아 언젠가 요도가 완전히 막히게 될 것이다. 간혹 다랑 (Jacques Daran)이라는 의사가 사용하는 고름 빼는 소식자가 효과가 있었지만, 반복적인 사용은 오히려 배뇨를 더 어렵게 했다. 루소는 소식자의 삽입을 방해하는 원인이 날이 갈수록 방광 더 깊숙한 곳으로 이동한다고 생각한다. 그만큼 더 긴 소식자가 필요할 텐데 언제까지 그것이 가능할지 알 수 없다. 목욕, 이뇨제, 사혈 등 모든 치료법이 증상을 악화시킨다. 정확한 원인을 알지 못하는 의사들은 "모호한 추론"만 반복하고, 몸을 치료하지 못하니 정신을 치료하려 한다. 루소는 의사들을 만나지 않았다면 더 평온하게 살았을 것이라 말한다. 바제이악은 전립선의 비대를 관찰했다. 루소는 병의 원인이 전립선, 방광 경부, 요도 어딘가에 있을 것으로 추측한다. 해부학자들은 특히 이 부분을 잘 검토해야 한다.

이 기록은 대체로 루소가 설정한 목적에 부합한다. 루소의 요폐는 원인을 알 수 없는, 특이한 증상을 보인다. 그는 병의 발병 시기와 경과, 시도된 치료들과 결과, 이런 자료에 근거한 해부의 주안점 등을 관찰한다. 의학을 가소롭고 위험한 것으로 폄훼하는 루소가 평생 의사들을 찾아다닌 이야기가 어떤 이들에게는 우습게 보일지 모르겠다. 하지만 이 이야기는 쉰 살 루소의 의학에 대한 비판이 경험적인 실망과 환멸을 전제하고 있음을 알려줄 뿐이다. 어떤 연구자들은 루소를 진찰한 의사 몇몇이 병을 심리적인 것으로 판단한 사실에 주목할 것이다. 이들은 종종 정신분석의 방법을 차용하면서 루소의 요폐 증상을 그의 성적 무능 혹은 소극성과 연관시킬 수 있다. 실제로 당시 사교계는 루소의 성적 무능 혹은 방탕에 대한 소문을 만들어냈고, 루소의 자서전 『고백(Les confessions)』에는 무능까진 아니더라도 마조히즘이라고 부를 수 있는 성향이 적나라하게 드러나 있다. 그런데 노트에서 루소가 고민하는 그의 이미지는 정반대의 것이다.

노트 결말에서 루소는 자신을 해부할 의사들에게 구체적인 지침을 내린다. 그것은 병의 원인을 성병에서 찾지 말아야 한다는 것이다. "나는 이런 종류의 병에 걸린 적이 없음을 분명히 밝힌다. 나는 이것을 나를 진찰한 의사들에게 말했다. 나는 그들 중 여럿이 내 말을 믿지 않았다고 판단했다. 그들이 틀렸다."* 루소는 여기에서 자신에 대한 소문에 대응하고 있다. 그것은 시민의 의무를 설파하는 루소가 사실 방탕하고 사악하다는 것이다. 이 소문은 1764년 볼테르가 익명으로 발표한 비방문 『시민들의 견해(Sentiment des citoyens)』로 정점에 이른다. "우리는 고통스럽게 그리고 얼굴을 붉히며 털어놓으니, 그는 방탕의 음울한 낙인을 아직도 지니고 있어…"** 하지만 성병이 아니라는 단언을 누가 믿어줄까? 마지막 문단은 이에 대한 루소 특유의 대응이다. "이러한 다행스러움은 내 운수의 결과일 뿐이기에 어떤 종류의 칭송도 내게 주어져선 안 된다. 사람들이 나를 믿든 안 믿든, 나는 여기에서 내가 선언한 진리를 확인해야 한다고 생각한다. 그래야 사람들이 내 병의 원인을 엉뚱한 곳에서 찾지 않을 것이다."*** 루소는 어느 정도 "방탕"을 인정하는 듯한 태도를 보인다. 그가 성병에 걸리지 않은 것은 순전히 운 덕분이다. 아무튼 아닌 것은 아니라고 말할 수밖에 없다.

---

* OC I, p. 1226.
** Voltaire, *Sentiment des citoyens*, éd. Frédéric S. Eigeldinger, Paris, Honoré Champion, 1997, p. 62.
*** OC I, p. 1226.

따라서 시민과 철학자의 의무로서 시신을 의학에 기증하는 행위는 자신의 내밀한 진실을 확인하고 입증하는 행위와 분리되지 않는다. 요폐 질환 연구와 루소의 (순화된) 도덕성 규명이 해부라는 단일한 사건에 통합된다. 여기서는 객관적 진리 추구와 주관적 진리 추구가 하나의 작용이다. 그리고 이 작용은 의학과의 느슨한 변증법을 통해 구성된다. 나의 말을 믿지 않는 의사들은 객관적 진리와 주관적 진리의 불일치를 표상한다. 이 갈등을 해소하기 위해 루소는 자신의 신체를 의사들 앞에서 활짝 열기로 한 것이다. 그는 이 작용을 통해 객관적 진리와 주관적 진리가 합치되길 바란다. 그런데 이 합치는 주관적 진리에는 고양을 요구하지 않는다. 다시 말해 객관적 진리만이 주관적 진리에 다가감으로써 고양된다. 의사들은 루소의 몸을 통해 인간을 알게 됨으로써 루소의 진실에 이를 것이다.

　객관과 주관의 거리에 민감하고 둘 사이의 복잡한 변증법을 구성하려고 하는 루소의 다른 자서전 기획을 고려할 때, 이런 망상의 형식은 너무 단순할 수밖에 없고 이 때문에 유서는 루소 사유의 기본 도식을 잘 보여줌에도 불구하고 중요성이 반감되는 것 같다. 하지만 그로 인해 모든 흥미를 잃는 것은 아니다. 루소는 의학의 발전과 함께 인간이 더 대상화되어 가는

루소의 『사회계약론』

『사회계약론』으로 인해 루소는 마키아벨리, 로크, 홉스와 함께 근대 정치철학의 주요 사상가가 되었다. 이 책의 1, 2부가 고안하는 인민주권과 법의 개념은 이후 근대 민주주의의 전제다. 하지만 3, 4부의 회의적 어조는 종종 간과된다.

시대에, 역설적으로 자신의 신체를 해부에 맡기는 행위를 통해 이에 저항한다. '나를 해부하라, 그러면 여러분은 나의 진실을 알게 될 것이다.' 따라서 시신은 일종의 유물론적 자서전이다. 루소의 자서전 기획은 그의 실존적 철학에 처음부터 내재해 있었지만, 『에밀』과 『사회계약론』의 파문에 당면하여 쓴 1762년 『말제르브에게 보낸 편지(Lettres à Malesherbes)』에서 구체화되기 시작한다. 1764년에는 본격적으로 『고백』 집필이 시작될 것이다. 1763년의 유서를 자서전 기획의 발생사 안에 위치시키는 것이 무리는 아니다.

유서에는 이미 자서전의 조건과 목적, 심지어 방법이 예고되어 있다. 루소의 요폐가 가진 특이성에 부합하는 것은 그의 자아의 특이성이다. 『고백』 1권에서 그는 이렇게 말한다. "나는 내가 본 자들 누구와도 비슷하게 만들어지지 않았다. 감히 나는 존재하는 누구와도 비슷하게 만들어지지 않았다고 믿는다."* 사교계 인사들과 의사들이 이 병의 실체를 오해하듯이, 루소의 자아를 제대로 파악하는 사람은 없다. 지금부터는 『고백』 초고 머리말의 문장들이다. "이런 관찰은 특히 나와 관련

---

* OC I, p. 5 ; 『고백록』 1, pp. 11-12.

해서, 하지만 나 자신을 곧 일종의 동떨어진 존재로 느끼는 와중에 내가 타인에 대해 내린 판단이 아니라, 다른 사람들이 내게 내린 판단을 통해 이루어졌다. 그들은 내 행동의 이유에 대해서 거의 항상 틀린 판단을 내리고, 그런 판단을 내리는 자들이 똑똑한 만큼 평범한 일에 대해서는 더 잘못 판단한다."* 그런데 이 오류, 주관과 객관 사이의 갈등은 단지 개인적 억울함의 문제가 아니다. 나의 병을 통해 의학의 발전을 도모해야 하는 것처럼, 나의 자아를 탐구함으로써 인간의 이해를 증진해야 한다. "이런 점을 고찰한 끝에 나는 내 독자들이 인간에 대한 앎에서 한 걸음 더 나아가도록 하겠다고 결심했다."** 병의 인식과 자아 인식의 난관도 유사하다. "보이는 것은 실재의 극히 작은 부분일 뿐이다. 그것은 표면상의 결과여서 그 원인은 숨겨져 있고 아주 복잡할 때가 많다."*** 따라서 내부를 외부로 드러내는 효과적이고 확실한 방법이 요구된다. "나는 진실할 것이고, 기탄없이 그럴 것이다. 나는 모든 것을 말할 것이

---

* OC I, p. 1148.
** OC I, p. 1149.
*** OC I, p. 1149.

다, 좋은 것, 나쁜 것, 결국 모든 것을."[*] 마지막으로, 해부처럼 자서전도 죽음 이후에만 공개될 수 있다. "내가 살아있는 동안 이 회고록을 출판하지 않겠다고 결심한 것은 내 의도를 실행하는 것과 상관없는 모든 사안에 있어서 적들을 참작해 주려 한 결과다."[**]

루소는 자신의 신체가 주관적 진실이 기록된 매체이기를 바랐다. 이로써 '삶을 진리에 바치다'는 근대적 의미를 얻는다. 또한 그는 전립선, 방광, 요도를 갈라 헤치는 행위가 삶의 기록을 읽고 해석하는 독서이길 바랐다. 그렇게 모든 것을 남김없이 드러내고 파헤친다면 진실은 왜곡에서 벗어나 자신의 이름을 되찾게 될 것이다. 하지만 그러기 위해서는 의학이 발전하고 의사들의 능력이 발전해야 했다. 의학에 그토록 회의적인 자가 그것까지 바랄 수 있을까? 마찬가지로 루소는 자신의 자서전을 읽어줄 적절한 독자를 찾기 위해 세상을 헤매다 포기하고 수십, 수백 년 후 독자들에게 희망을 건다. 결국 그는 자신의 진실을 읽어줄 독자를 완전히 포기할 것이다. 루소의 유

---

[*] OC I, p. 1153.
[**] OC I, p. 1154.

서는 의학이 인간의 진실을 장악하기 시작할 때, 누구보다 거기에서 위협을 느끼고 돌파구를 마련하려 애쓴 철학자의 것이다. 그 시도는 역사의 흐름에 역행하는 만큼 가소로웠다.

해부의 유혹

루소는 1778년 7월 2일 사망했다. 시신 기증도 이루어지지 않았고, 생식기와 방광 주변 해부도 실행되지 않았다. 그는 자신의 진실을 외부에 드러내는 일을 포기한 상태였다. 그렇지만 부검은 진행되었다. 다음날 의사들과 루소의 친구 등 여섯 명이 그의 몸을 열었고 결과가 곧장 공개되었다. 조서에 따르면 두개골에서 상당한 양의 혈장이 발견되었다. 이 혈장이 뇌와 뇌막 전반에 스며든 것이 사망의 원인으로 보였다. "몸의 나머지는 정상처럼 보였고" "내부 장기들은 아주 건강했다."[*] 사망 원인, 뇌졸중. 여기에 사자의 다른 진실이 끼어들 틈은 없었다.

---

[*] R. A. Leigh, "La mort de J.-J. Rousseau : images d'Épinal et roman policier", *Revue d'histoire littéraire de la France*, 79(2/3), 1979, p. 190.

하지만 부검이 모든 주관적 진실을 차단하지는 못했다. 어떤 이들은 조서를 신뢰할 수 없었다. 두개골에 총알 구멍이 있다는 소문이 돌았다. 조서를 부정하지 않았던 이들은 독극물로 인한 사망을 추정했다. 이런 추정에 따라 자살과 살해의 가능성이 논의되었다. 프랑스 혁명 와중에 팡테옹으로 이장되어 혁명의 아버지로 다시 죽은 루소는 역사의 부침 속에서 신화화되거나 악마화되었다. 그때마다 모두가 해부의 유혹을 느꼈다. 루소의 시신이 도굴당했다는 소문은 마지막 기회를 제공하는 것 같았다. 1897년, 루소의 관을 열어보는 행사가 거행되었다. 하지만 20세기에 들어와서도 우동(Jean-Antoine Houdon)이 제작한 데스마스크를 재조사하는 의사가 있다. 그는 치밀한 조사 끝에 루소가 테레즈에 의해 살해되었을 것이라 추론한다.* 이들 모두는 각자의 주관적 진실에 따라 루소를 해부했고, 조서를 작성했다. 어떤 해부도, 어떤 자서전도 이 운동을 종결시키지 못할 것이다. 의학의 눈부신 발전은 아무 효과도 없었다.

---

* Cf. Julien Raspail, "Comment est mort Jean-Jacques Rousseau ?", *La chronique médicale*, 19(16), 1912, pp. 481-503.

04

칸트의 생애와 죽음

최우석

칸트의 성장 환경과 청소년 시기

임마누엘 칸트(Immanuel Kant)는 1724년 4월 22일 새벽 5시 프로이센의 쾨니히스베르크(Königsberg)에 있는 평범한 집안에서 태어났다. 오늘날 칼리닌그라드라고 불리는 쾨니히스베르크는 발트해를 끼고 폴란드의 북동쪽, 리투아니아의 남서쪽 사이에 위치해 있다. 그러니까 쾨니히스베르크는 오늘날 우리가 알고 있는 독일과도 멀리 떨어진 땅이다. 칸트가 태어난 쾨니히스베르크는 옛 독일 프로이센 왕들의 대관식이 전통적으로 거행된 공국의 수도로서 독일의 영토였지만, 1945년 세계 2차 대전 이후 러시아(구소련)의 영토로 편입되었다. 독일과도 멀리 떨어진 땅이었지만 오늘날 쾨니히스베르크는 러시아 본토에서도 떨어진 러시아의 땅이다. 1946년 이후부터 오늘날까지 쾨니히스베르크는 소련의 정치인 미하일 칼리닌의 이름을 딴 '칼리닌그라드'로 불린다. 칼리닌그라드의 주민들 80% 이상은 러시아인들이며 언어도 러시아로 통용된다. 이 모든 사실은 칸트가 세계적인 독일의 철학자라고 해서 그의 삶의 흔적을 찾기 위해, 혹은 그의 묘비를 찾기 위해 독일을 방문하지 말아야 한다는 점을 알린다.

칸트는 말(馬) 안장 장인의 아들로 9명의 자식 들 중 넷째로 태어났다. 9명의 남매 중 대부분은 일찍 죽고 두 명의 누이와 한 명의 남동생만이 그의 부모보다 오래 살았다. 칸트는 가문의 장손이자 상속인이었다. 칸트 집안은 스코틀랜드의 캔트(Cant)라는 성을 가진 집안의 후예들이라고 전해진다. 칸트의 아버지 요한 게오르그 칸트(Johann Georg Kant)는 말이 이끄는 수레, 마차, 썰매, 가죽끈 등을 생산하고 판매함으로써 돈을 벌었는데, 당시 그는 수공업자 조합의 회원으로서 존경받는 인물로 평가받았다.* 칸트의 아버지는 수공업자로서 성실하고, 예의 바르며 개방적이고 마구 제작의 장인으로서 품위를 지킬 줄 아는 사람으로 알려졌다. 칸트는 "한번도 나는 내 부모님으로부터 예의에 벗어난 말을 들은 적이 없었고, 품위나 위엄을

---

* 만프레드 가이어, 『칸트 평전』, 김광명 옮김, 미다스북스, 2004, 40쪽. (이하 '평전').

임마누엘 칸트(1724.4.22-1804.2.12)
근대 계몽주의를 정점에 올려놓았으며 독일 관념철학
의 기반을 확립한 프로이센의 철학자이다.

손상시키는 행동을 보지 못했다"*라고 회고한다. 칸트의 어머니 안나 레기나 칸트(Anna Regina Kant) 역시 칸트에게 사랑과 품위가 무엇인지를 몸소 보여준 인물로 전해진다. 칸트는 자신의 어머니로부터 세계의 아름다움에 대한 마음과 사랑, 신앙의 헌신 등을 배울 수 있었다고 한다. 칸트는 인간의 영혼에는 선한 씨앗이 있으며 그러한 선이 교육으로부터 발휘될 수 있다는 사실을 두 부모님으로부터 배울 수 있었다고 전한다.**

---

* K. 포르랜더, 『칸트의 생애와 사상』, 서정욱 옮김, 서광사, 2001, 20쪽. (이하 '생애').
** 생애, 44-46쪽.

칸트의 어머니는 자녀의 교육에 관심이 많았다. 그녀는 당시 여성으로서 받을 수 있는 교육을 상당히 받은 삶을 살았다고 한다. 교육을 위해 그녀가 기록한 가정일기는 오늘날까지 전해지고 있다. 교육과 관련해서 그녀가 칸트에게 끼친 큰 사건이 있다면, 그녀가 지역 교회의 담당 목사인 슐츠(Franz Albert Schultz)에게 자녀의 교육을 직접적으로 부탁한 일이다. 당시 슐츠 목사는 쾨니히스베르크의 신학박사이자, 행정관이었으며, 행정가로서든 학자로서든 명망이 있던 사람으로 알려졌다. 사실, 마구상의 어린 아들에 불과한 칸트를 왕립학교라는 칭호가 부여된 "프리데리치아눔(Friedericianum)"이라는 김나지움에 들어갈 수 있도록 슐츠가 추천한 일은 칸트 아버지의 평판과 어머니의 열정 때문이었다.

학교생활에서 칸트를 힘들게 했던 것 중 하나가 종교적 부담감이었다고 한다. 당시 학내 풍토는 종교적 엄숙함으로 뒤덮였었는데, 예를 들어 매주 월요일 저녁 6시에서 7시 사이에는 신앙심을 위한 교화 시간이 있었고, 금요일 아침 5시에서 6시 사이에는 예수회의 교리 문답서와 성경 강독 및 신학 강독이 진행되었다. 그리고 일요일에는 오전, 오후에는 모든 교직원 및 학생들이 교회에서 오전 설교 및 오후 설교를 필수로 듣고 성경의 말씀을 나눠야 했다. 당시 학교에는 경건주의가 지나치게 충만했다고 하는데, 학생들은 물론 교직원들도 경건함의 집착이 광신적 상태에 가까울 정도였다고 알려진다. 칸트는 당시를 회고하면서 "노예상태"와 같은 "걷잡을 수 없는 당혹감과 공포"로 휘말렸었다고 전한다. 청소년 시절의 칸트는 종교가 자명하고 논리적 진리를 망치는 게 아닌가 하는 의심을 가졌다고 하는데, 그는 자신의 친구에게 "철학이나 수학을 걱정 속으로 집어넣어서 불꽃을 피우려 하지 않는다"*고 토로했다고 한다.

　청소년 시기 칸트의 이와 같은 경험은 종교에 대한 칸트의 생각에 영향을 끼친 것으로 보인다. 잘 알려졌듯, 종교에 대한 칸트의 근본 입장은 성서에 대한 이성적, 도덕적 해석을 강조하면서도 이성에 입각하지 않은 광신적인 신비주의의 입장을 멀리하는 것이다. 칸트에 따르면, 이성적, 도덕적 성서 해석은 종교가 신비주의에 빠지는 것을 방지해줄 수 있는 수단이다. 종교에 대한 칸트의 근본적인 입장은 경건주의가 갖는 생활방식의 올바름을 취하면서도 맹목적 혹은 무지성적으로 종교와

---

* 생애, 29쪽.

삶이 도치되는 행태를 경계하는 것이다. 칸트의 이와 같은 관점과 태도는 청소년기의 경험과 무관한 것으로 보이지 않는다. 칸트는 종교에 대한 관심이 많았지만 이를 맹목적으로 따르지 않았다. 가령, 칸트가 1762년 38세 때『신의 현존재 논증의 유일하게 가능한 증명 근거』를 저술한 배경도, 영혼을 보았다는 스웨덴의 스베덴보리(Emauel Swedenborg)의 이야기에 영향을 받아 1766년 42세 때『형이상학의 꿈에 의해 해명된 한 시령자의 꿈』을 저술한 배경도 칸트의 청소년기 경험과 무관하다고 볼 수 없다. 칸트가 이율배반의 문제에 골몰한 것도, 실천의 문제, 도덕 신앙에 대한 관심이 컸던 이유도, 자신의 삶에서 종교적 관심이 떠나지 않았던 이유가 바로 어렸을 적부터 품었던 물음의 해법을 찾으려는 시도일 것이다.

칸트의 청년 생활과 학문적 관심

큰 사건 없이 준수하게 청소년 시기를 지나 청년이 된 칸트는 알베르트 공작에 의해 1544년에 건립된 알베르티나(Albertina) 대학교에 입학한다. 때는 1740년으로 그의 나이는 16세였다. 알베르티나 대학교는 잘 알려진 쾨니히스베르크 대학의 또 다른 명칭이며, 오늘날 이 대학은 칼리닌그라드 국립 대학교로 불린다. 1740년 9월 24일 칸트는 우수한 성적으로 대학에 합격하는데, 당시 대학 입학의 조건은 입학 허가를 먼저 받은 후 대학에서의 수학 능력을 평가받기 위한 특별 시험을 치른 다음 최종 합격을 결정하는 방식이었다.

특별 시험은 라틴어로 된 키케로의 작품을 읽고 유창하게 설명하는 것으로, 문법적 실수가 있어서는 안 되었다. 라틴어 소양뿐만 아니라 논리학, 지리, 역사, 성경의 일부 내용을 설명하는 것도 요구되었는데, 전해진 바에 따르면 이러한 시험은 누가 학문 할 능력을 갖추고 있는가를 확인하는 것이라기보다는 누가 부유한 부모의 자녀인가를 파악하는 것이었다고 한다. 공식적 기록이 없어서 분명한 것은 아니지만, 특별 시험 이후 칸트는 신학부에 등록되어 학기 생활을 지낸 것으로 추정된다. 대학 시절 칸트는 신학부 등록생이었지만, 철학, 수학, 자연과학, 그리고 의학에 많은 관심을 가졌다.

특히 칸트는 철학, 언어학, 자연과학을 좋아했다고 한다. 당시 칸트의 친구들은 칸트가 언어학자가 될 것이라고 생각했다. 칸트는 친구들과 함께 언어학자의 면모를 갖추고자 라틴어 이름인 칸티우스(Cantius)라는 이름도 지었다. 대학시절 칸트에게 큰 영향을 끼친 인물이 있다면, 객원교수 크누첸(Martin Knutzen)이다. 칸트는 크누첸을 통해 볼프(Christian Wolff)의 사상에 이끌렸으며, 그로부터 자연학에 대한 많은 배움을 얻었다고 한다. 칸트는 크누첸의 수업에 한번도 빠지지 않고 출석했으며 모든 정성을 쏟으며 수업에 최선을 다했다고 한다.* 크누첸은 칸트가 뉴턴에 대한 관심이 크다는 것을 알고 뉴턴 전집을 빌려주었고, 소장하고 있는 다양한 책들을 칸트가 볼 수 있게 허락했으며, 반사망원경으로 밤하늘을 구경시켰다고 한다. 칸트는 그의 영향 아래 철학과 수학 그리고 천문학에 많은 열정을 쏟았다고 하는데, 그의 철학의 기초가 수학, 물리학과 무관하지 않은 점들은 대학생 시절의 크누첸의 영향과 당시의 학문적 관심과 열정에서 비롯된 것이라고 볼 수 있다.

칸트는 청년 시절 동안 많은 시간을 주점에서 보냈지만, 그렇다고 방탕하게 생활하지 않았다고 한다. 이는 부유하지 못한 그의 환경 때문이기도 하다. 그는 장학금과 같은 공적 후원을 받은 적이 한 번도 없었다. 가족의 후원이 있었지만 금전적으로 넉넉하지 못했던 칸트는 매우 근면 검소하게 생활할 수

---

* 생애, 44쪽.

밖에 없었다. 검소한 그의 생활 때문인지 몰라도 "칸트는 오락에 특별한 취미를 갖고 있지" 않았으며 "특히 (밤) 거리를 배회하는 일은 더더욱 없었다"고 한다.* 그렇다고 그가 책상에만 앉아 있었던 것은 아닌데, 칸트는 친구들과 당구, 카드놀이 같은 게임을 즐겼다고 한다. 대학을 마치고 경제적 독립이 불가피했던 칸트는 당시 "집사"(Hofmeister)라고 불리는 가정교사 직업을 선택한다. 가정교사는 피히테(Johann Gottlieb Fichte), 셸링(Friedrich Wilhelm J. Schelling), 헤겔(Georg W. Friedrich Hegel) 등도 경험한 것이다. 칸트는 쾨니히스베르크에서 멀지 않은 곳으로 벗어나 유트셴(Judtschen)이라는 지역에서, 아른스도르프(Arnsdorf), 라우텐부르크(Rautenburg) 등지에서 가정교사로서 지냈는데, 그는 한번도 부당한 대우나 비도덕적인 취급을 받지 않았다고 한다. 이러한 경험은 칸트로 하여금 귀족 가문의 외적 생활 풍습을 익힐 수 있게 했다.

1754년 30세가 될 무렵, 칸트는 오랫동안 해 왔던 가정교사를 그만두고 쾨니히스베르크로 돌아온다. 1년이 지나 1755년 31세 때 칸트는 『불에 대하여』라는 라틴어로 작성한 논문으로

---

* 생애, 49쪽.

석사학위를 취득하게 되고 같은 해에 이어서 교수 자격 논문으로 작성한 『형이상학적 인식의 제1 원리에 대한 새로운 해명』을 출판한다. 이러한 이력을 거쳐 칸트는 1755년에 쾨니히스베르크 대학의 사강사로 취임하게 된다. 칸트의 강의에 대한 학생들의 평판은 나쁘지 않았던 것으로 전해진다. 강의 때마다 칸트는 자신의 풍부한 학식 속으로 빠져들었다고 하며, 자극적 얘기나 비꼬는 투의 어법을 사용하지 않았다고 한다. 생동감과 긴장감이 감돌고 있는 경우도 많았으며 때로는 이해하기 어려운 내용들로 따라가기 힘든 강의이기도 했다. 칸트는 1756년 32세 때 『물리적 단자론』을 공개 토론 발표한 후 정식으로 교수 자격을 얻게 된다. 교수 자격을 취득한 후 그는 1770년 46세에 쾨니히스베르크의 정교수로 부임하게 된다. 약 15년 동안의 사강사 시절을 거치면서 칸트는 여러 학술 발표와 저서 집필을 통해 자신의 학문적 재능을 선보였다. 예를 들면, 사강사 시절 동안 칸트는 38세 때 『신 존재 증명 가능성의 유일한 증명 근거』를 출판하여 많은 사람들에게 이름을 알렸으며 (이 책은 빈에서 금서로 규정된다), 1764년에 출판한 『자연 신학과 도덕의 근본원칙의 판명성에 대한 연구』로 베를린 학술원의 현상논문으로서 2등에 입상한다. 15년의 사강사 시절 동안 칸트는 에어랑겐(Erlangen) 대학(1769년 12월)과 예나 (Jena) 대학(1770년 1월)의 정교수 초빙을 받지만 칸트는 이를 모두 거절한다. 결국 그는 1770년 3월 쾨니히스베르크 대학의 정교수로 부임된다.

칸트의 장년 및 노년의 생활

교수로 임용되기까지 칸트의 생활은 화려하지 않았다. 무엇보다 사강사 시절은 고정 월급이 없는 만큼, 칸트는 금전적 어려움을 겪었다. 예를 들면, 자신이 거주하는 방에 대한 세금을 내는 것조차 힘들었다고 한다. 경제적 어려움 때문에 그는 하급 도서관 사서 자리를 얻기 위해 구직 신청도 했으며, 친구들을 만나 식사하거나 커피 마시는 것을 좋아하던 그였지만 그는 지인들을 식사에 초대할 형편이 아니었다고 한다. 칸트는 당시 쾨니히스베르크에 있던 무료 급식소도 자주 찾아갔다. 칸트는 가난으로 인한 곤경에 시달리며 지내는 게 익숙했던 자라고 평가받는다.* 칸트는 똑같은 옷이 해어져 못쓰게 될

---

* 생애, 87쪽.

지경까지 계속 입었는데, 이런 그의 생활습관은 경제적 어려움 속에서 그가 어떻게 처신해 왔는가를 보여준다. 비록 가난했지만 그렇다고 칸트는 금욕주의적인 삶을 살았던 것은 아니다. 칸트는 쾌활했고 사교 모임을 좋아했다.

노년에 규칙적인 생활을 했던 것과는 다르게 젊은 시절 칸트의 생활은 엄격하지 않았다고 전해진다. 오전 강의가 끝나면 카페로 가서 커피를 마시거나 당구를 즐겼다고 한다. 사람들을 만나서 세상이 돌아가는 모습, 상식을 넓히며 소통하는 일을 칸트는 좋아했다. 칸트는 점점 사교계 관심을 가지면서 대학시절과 다르게 해를 거듭할수록 조금씩 양복을 세련되게 입기 시작했다고 한다. 사교계에서 칸트의 복장은 당시 유행하던 차림은 아니었지만 그는 "작은 세모난 모자"에 "금발의 가발"을 즐겨 착용하였으며, "검은색 리본"을 넥타이처럼 매고 "주름이 있는 옷깃과 커프스가 달린 블라우스와 검정색과 갈색 그리고 노랑색으로 조화를 이룬 손수건을 꽂고 다녔다"고 한다. 그리고 청결하게 묶인 구두를 즐겨 신었으며 칸트는 늘 "등나무 지팡이를 버릇처럼 집고 외출"하였다.* 칸트는 쾨니히

---

* 생애, 91쪽.

스베르크를 한번도 벗어나지 않았다고 알려진 바와 다르게 사람들과 친분을 쌓는 일을 좋아했던 만큼 방학 때는 배를 타고 바다를 구경했으며, 쾨니히스베르크를 벗어나 러시아 경계 지방까지 여행도 다녔다.

칸트는 교수로 부임하면서 취임논문으로 『감성계와 예지계의 형식과 원리』를 출판한다. 이 책에서 감성론은 우리에게 알려진 칸트의 주요서적 『순수이성비판』의 감성론의 모태가 된다. 『순수이성비판』은 칸트가 1770년 교수로 임용된 이후 약 10년 동안 학술적 침묵기를 지난 뒤 1781년에 출간된 것이다. 서양철학을 공부하는 사람이라면 반드시 이 책을 읽어야 한다. 서양의 철학은 칸트로 수렴되어서 칸트로부터 다시 흘러나온다는 것은 결코 과장이 아니다. 57세에 쓴 『순수이성비판』으로부터 그의 나이 76세가 되는 1800년까지 칸트는 약 20년 동안 학문적 전성기를 맞이하며 학술적 가치가 높은 저서 및 논문들을 왕성하게 쏟아낸다. 많은 사람들이 알고 있는 칸트의 대표적 저작물들 대부분은 이 시기 동안 출간된 것이다. 예를 들면, 1781년에서 1790년까지는 세계적으로 잘 알려진 세 비판서가 출판된 10년(1781년 순수이성비판, 1788년 실천이성비판, 1790년 판단력 비판)이다. 1781년부터 칸트는 왕성한 창

작력을 발휘하는데, 칸트는 편지 속에서 자신의 친구 헤르츠 (Marcus Herz)에게 『순수이성비판』을 기점으로 "사유 방식의 완전한 변화"를 겪게 되었고 이를 통해 비판적 길을 통한 "이론철학의 혁명"에 이를 수 있었다고 알린다.* 칸트는 대상이 인식되는 경험은 인식이 대상에 따르는 게 아니라 대상이 우리의 인식에 따를 수밖에 없다는 코페르니쿠스적 전환을 통해 세계에 대한 새로운 지평을 밝히며 독일 관념론을 개시한다.

칸트는 1791년부터 갑작스럽게 원인도 없이, 그리고 특별히 아픈 곳도 없이 식욕이 떨어지고 육체적 힘과 감각에 아무런 느낌이 없어졌다고 호소한다. 그는 원고 교정 작업도 힘들어지고, 정신 집중도 힘들며, 졸음에 시달린다는 사실을 사람들에게 알린다. 그는 이때부터 오랜 규칙 생활에서 지켜왔던 산보도 자제하기 시작했다. 알 수 없이 기력이 부족하여 노쇠해진 칸트는 1796년에 사퇴하며 그 해에 마지막으로 강의를 맡는다. 1790년 이후부터 칸트는 비록 노쇠하기 시작하였지만, 독일 지역에서 칸트의 철학은 1790년 이후 더욱 왕성하게 주목받았다. 피히테를 비롯하여 우리가 알고 있는 독일 관

---

* 평전, 262-263쪽.

칸트의 『순수이성비판』.
칸트의 『순수이성비판』은 서양의 철학사상을 이해하기 위해
반드시 읽어야 할 책이다.

념론 전통에서 칸트의 영향은 너무나도 잘 알려진 만큼 첨언하지 않아도 될 것이다. 당시 칸트에 매료된 피히테는 칸트에게 "당신의 사상은 항상 나의 정신이 될 것입니다"라고 단언하기까지 했다.* 물론 훗날 피히테는 칸트의 사상과 결별을 하지만 말이다. 철학 사상가들 외에도 칸트 사상의 영향을 받은 대표적 인물들은 실러(Johann Christoph F. von Schiller), 훔볼트(Friedrich Wilhelm Heinrich Alexander F. von Humboldt), 괴테(Johann Wolfgang von Goethe) 등이 있다. 비록 칸트는 노쇠해져 갔지만 그의 철학 사상은 당대 독일 전역의 지식인들에게 많은 영향을 끼쳤다는 사실을 쉽게 확인할 수 있다.

칸트의 죽음

노쇠해진 칸트는 신체뿐만 아니라 정신까지 조금씩 변하기 시작했다. 정신적인 측면에서는 급격하게 화를 내는 일이 점차 늘어났고, 시간이 지날수록 빈번하게 우울해했으며, 인내심이 평소보다 많이 부족한 면모가 드러났다. 칸트의 집착적

---

* 생애, 226쪽.

인 결벽 증세는 시간이 지날수록 심해졌는데, 그는 그 어떤 자신의 물건도 자신이 생각하기에 정확하고 올바르게 놓여 있지 않으면 참지 못했다. 이런 증상들 때문인지, 칸트의 말년에는 40년 가까이 보필한 하인 람페(Martin Lampe)와 결별한다. 람페는 칸트의 이러한 변화에 적응하지 못했던 것으로 여겨진다. 하인으로서 람페는 칸트에 반하는 행동을 자주 했으며, 칸트의 물건을 아무렇게 사용하였고, 검소한 주인과 다르게 칸트의 돈을 함부로 낭비하기도 했다. 람페는 다른 하인과 종종 싸우기도 했으며, 술을 마시고 늦게 집에 돌아오는 날들이 많았으며, 주인을 모시지 않는 경우가 잦아 결국 칸트는 "이제 기억에서 그를 지우고자 한다"라는 말과 함께 람페를 해고한다. 람페의 뒤를 이어 카우프만(Johann Kaufmann)이 하인으로 채용된다. 이와 같은 생애 말기의 구체적인 일상은 1790년부터 칸트와 가깝게 지낸 바지안스키(Andreas Christioph Wasianski)에 의해 알려진 것이다. 그는 칸트의 수강생이었으며, 말년에 칸트가 신뢰하던 사람으로서 칸트의 금전출납과 생활에 필요한 다양한 일들을 도왔던 인물이다. 바지안스키가 저술한 『일상생활로 살펴본 칸트의 말년 생활』 출판물은 오늘날까지 전해지고 있다. 이 책에서는 칸트의 말년 생활을, 특히 칸트의 노쇠 현상을 구체적으로 묘사하고 있다.

1803년, 많이 쇠약해진 칸트는 자신의 애제자인 야흐만 (Reinhold Bernhard Jachmann)도 알아보기 힘든 정도가 된다. 칸트의 사고는 거의 정지된 상태이고, 말도 몇 가지 문장만 간단하게 할 수 있는 수준이었다. 야흐만은 "내 인생의 자부심이며, 행운을 가져다 준 나의 스승 칸트"가 자신을 알아보지 못한다며 몹시 슬퍼했다고 한다. 칸트는 1804년 79세의 나이로 생을 마감한다. 죽기 몇 달 전부터 칸트는 더 이상 모든 정신과 감각이 생동하지 못하고 굳어버린 상태였다고 전해진다. 그는 음식의 맛도 느낄 수 없었으며, 청력도 웬만한 소리를 듣지 못할 정도이고, 이해할 수 없는 말들만 중얼거렸다고 한다. 죽기 며칠 전에는 칸트를 위해 헌신하던 바지안스키를 알아보지 못했으며, 죽기 하루 전날인 1804년 2월 11일 자정이 지날 무렵에 바지안스키가 갈증을 호소하는 칸트에게 포도주와 물 그리고 설탕을 혼합한 마실 것을 몇 숟가락 떠 넣어 주었더니 칸트는 "좋습니다(Es ist gut)"라고 가느다란 소리로 속삭였다고 한다. 이게 그의 마지막 말이었다. 다음날 아침 칸트는 사망한다.

칸트의 사망 소식은 각 지역에서 발행하던 신문을 통해 알려졌으며 곧 독일 프로이센 왕국 전역으로 퍼졌다. 유언장 집

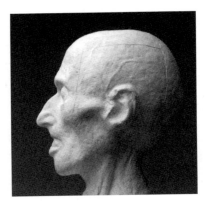

칸트의 데스 마스크(death-mask)
당시 저명한 사람의 얼굴을 본 떠 데스 마스크를 만들었는데 칸트의 데스
마스크는 그가 실질적으로 어떻게 생겼는지를 보여준다.
https://commons.wikimedia.org/wiki/File:Kant_totenmaske_2.jpg

행은 칸트가 마지막까지 신뢰했던, 그리고 칸트가 죽기까지 그를 위해 봉사했던 바지안스키에 의해 집행되었다. 생전에 칸트는 자신의 장례가 조촐하게 치러지길 바랬지만 이는 뜻대로 되지 않았다. 칸트의 죽음 이후 조문객들은 칸트의 집으로 쉴 틈 없이 모여들었으며, 장례식은 지역 사회의 큰 행사로 진행되었다.

장례 행렬은 가까운 친구들에 의해 칸트의 집에서부터 시작되었다. 쾨니히스베르크 대학의 학생들은 칸트의 장례를 위해 집결해 있었고, 예장을 한 군인들은 칸트의 운구 선두에서, 예장을 한 학생들은 칸트의 관 주위에서 번갈아 가며 운구를 담당하였다. 운구 행렬의 뒤편에 있는 한 사람은 다음의 라틴어-"cineres mortales immortalis Kantii 죽어도 죽지 않은 칸트"-로 쓰인 제명을 들고 행렬을 따라갔다. 칸트의 시신은 대학 묘지 내에 안장되었다. 칸트의 유골은 그 후 몇 년 동안 몇 차례 이장이 되었는데 최종적으로 대학 앞 "파라데 광장(Paradeplatz)"으로 옮겨졌으며 우리에게 잘 알려진 다음과 같은 문구가 쓰인 묘비명이 현재까지 칸트의 유골 곁에 있다: "내 위에는 별이 빛나는 하늘이, 내 안에는 도덕 법칙이 있다(Der bestirnte Himmel über mir und das moralische Gesetz in mir).”

　칸트는 자신의 온 생을 다해 다음과 같은 물음의 답을 추구했다. “나는 무엇을 알 수 있는가?”, “나는 무엇을 행해야 하는가?”, “나는 무엇을 희망해도 좋은가?”, “인간이란 무엇인가?” 우리는 위의 질문들에 대한 답을 손쉽게 단정지어 제시할 수 없다. 『순수이성비판』 서문에서 칸트가 강조했듯, 인간은 이성을 지닌 존재로서 답을 찾을 수 없는 저 질문들을 계속 물으며 괴로워할 운명에 빠져 있을 뿐이다. 칸트 역시 이러한 질문의 해답을 찾고자 괴로워한 한 사람의 인간이었다. 가난한 마구 장인의 아들로 태어난 칸트는 평범한 시민으로서 큰 변화가 없는 삶을 살았다. 다만 그의 삶은 학문을 통한 진리 탐구의 열정이 무엇인지를 우리에게 알려주었으며, 인간 이성의 신비와 그 힘이 무엇인지를 엿볼 수 있게 해주었다. 우리는 칸트의 삶과 죽음을 통해 철학자, 특히 강단 철학자의 삶의 모습을 생각할 수 있다.

05

하이데거,
어느 한 나치 당원의 죽음

최우석

나치 당원으로서 하이데거

전 세계적으로 잘 알려진 독일 철학자 하이데거(Martin Heidegger, 1889-1976)는 충실한 나치 당원이었다. 하이데거는 나치에 대한 충절을 전쟁 이후에도 철회하지 않았을 뿐 아니라 정당 가입을 명예로운 증표로 과시까지 한 인물이다. 세계적으로 사상적 영향력을 크게 끼쳤던 저명한 철학자가 어떻게 문명의 야만을 적나라하게 보여준 정당을 지지할 수 있었을까? 하이데거는 끔찍한 유대인 학살을 저지른 정당을 '열렬히' 지지한 것으로 보인다. 오늘날까지 그의 사상을 공부하는 사람이 전 세계적으로 많은 것을 생각해 볼 때 우리는 도대체 그가 왜 나치당을 지지했는지 의문을 품지 않을 수 없다. 하이데거는 '예루살렘의 아이히만' 사례에서도 드러난 것처럼 오히려 사유하기, 말하기, 실천하기의 무능함을 보여준 철학자로 보인다.

하이데거의 스승이자 그의 철학 사상에 많은 영향을 준 후설(Edmund Husserl, 1859-1938)이 유대인이었다는 점과 그의 연인이자 제자이며 저명한 정치철학자인 아렌트(Hannah Arendt, 1906-1975) 역시 유대인이었다는 사실은 하이데거의 나치 행보의 이유를 더 궁금하게 만든다. 사실, 하이데거의 제자로서 우리에게 잘 알려진 명석한 유대인들은 더 있다. 한스 요나스(Hans Jonas, 1903-1993), 칼 뢰비트(Karl Löwith, 1897-1973), 허버트 마르쿠제(Herbert Marcuse, 1898-1979)가 대표적이다. 이렇게 훌륭한 유대인을 제자로 둔 하이데거는 도대체 왜 나치를 찬동했을까? 하이데거는 자기 스승과 제자들을 어떻게 보았으며, 스승과 제자들은 하이데거를 어떻게 생각했을까? 이를 알아보기 위해 하이데거의 행보를 살펴볼수록 그의 실망스러운 흔적들은 더욱 드러난다.

하이데거는 1920년 후반부터 노골적으로 반유대주의 면모를 드러냈다. 예를 들면 이때부터 그는 강의를 "히틀러 만세(Heil Hitler)"를 외치고 시작했다. 그는 공개적으로 나치당을 칭송했고, 여러 글을 통해 나치당의 훌륭함을 공인하였으며 유대인에 대한 차별에 동조하는 행동을 자주 내비쳤다. 스승

마르틴 하이데거(1889.9.26-1976.5.26)
독일의 철학자로, 현상학, 해석학, 실존주의에 관해
20세기 가장 중요한 철학자 중 한 명으로 평가받는다.
https://en.wikipedia.org/wiki/File:Heidegger_2_
(1960).jpg
Willy Pragher, CC BY-SA 3.0

인 후설은 하이데거의 이러한 모습들로부터 자신의 "실존의
가장 깊은 뿌리를 뒤흔들었다"라고 탄식한 바 있다. 유대인이
자 실존주의 철학자로 잘 알려진 야스퍼스(Karl Jaspers, 1883-
1969)는 하이데거의 철학이 궁극적으로는 진실성이 없을 뿐만
아니라 그의 철학은 "독재적이고 의사소통 능력이 부재한 것"*
이라고 비판한다. 야스퍼스는 하이데거의 행보가 도덕적 자율
성의 중요성과 함께 인간의 존엄성을 강조했던 칸트의 이념을

---

* 리처드 월린, 『하이데거, 제자들 그리고 나치』, 서영화 옮김, 경희대학교출판문화
원, 2021, 50쪽.

조롱한다고 주장했다. 야스퍼스는 하이데거는 확실히 변했으며 그를 더 이상 신뢰하기 어려울 뿐만 아니라 우리 모두에게 위협이 된다고 강조했다. 야스퍼스에게 그는 위대한 사상가가 아닌 위험한 사상가였다. 그의 생애에서 드러난 부정적 행보에도 불구하고 나치당을 추종하는 인물로서 하이데거의 부정적 면모는 오늘날 잘 알려지지 않은 것으로 보인다. 나치당원으로서 하이데거의 행보를 조금 더 살펴보자.

1933년은 하이데거가 나치당에 가입했던 해이자 동시에 프라이부르크(Freiburg) 대학의 총장직을 맡았던 해이다. 그는 총장직을 맡으면서 대학의 유대인 교직원들의 진급을 막았으며, 유대인 학생들이 학위를 받는 것에 반대하였고, 유대인 교수들의 자발적 퇴직을 종용했다. 가령 그의 스승 후설은 1933년 4월 14일(하이데거가 총장직을 맡기 전) 이후 휴직 처분을 받았는데 후설은 이를 인생 "최대의 치욕"으로 느꼈다고 한다. 하이데거는 스승의 치욕을 모른 척했는데, 반유대주의자로 점점 돌아서는 하이데거에게 후설은 형언할 수 없는 정도로 영혼의 상처를 입었다고 전해진다. 후설 외에도 그의 유대인 제자들은 하이데거의 나치 충성에 좌절과 분노, 배신감을 느끼지 않을 수 없었다.

위대한 사상가로 칭송받는 하이데거이지만 그는 히틀러에게 상당히 매료되어 있었다. 그는 히틀러의 "멋진 두 손만 보아도 교양 따위는 중요하지 않다"라며, "오직 총통만이 현재와 미래의 독일 현실이며 법칙이다"라고 강조했다.[*] 1933년의 하이데거는 정치인으로서 나치 정당의 정책에 전적으로 찬동하는 자로 있었다. 그는 모든 연설에서 "새로운 독일 현실의 명령하는 힘"으로 히틀러를 칭송하였으며 그를 새 시대를 지배할 구원자로 간주했다. 그는 학자의 몸에 군인의 정신을 심는다는 발상에 매료되었으며 학내에서 나치당을 드러내는 제복을 즐겨 입었다. 하이데거는 제복 차림으로 학내를 자주 활보하였다. 1933년 이후 하이데거는 의도적으로 유대인들과의 만남을 끊었으며 이들에 대한 기피와 차별을 지속해서 그리고 노골적으로 드러냈다. 하이데거는 자신과 친분이 꽤 두터웠던 유대인들과 만날 때도 당원 배지를 차고 다녔다고 한다.

사실, 하이데거 자신은 생전에 유대인들을 차별하거나 배제하지 않았다는 점을 여러 차례 강조했다. 가령, 한나 아렌트는

---

[*] 뤼디거 자프란스키, 『하이데거: 독일의 철학 거장과 그의 시대』, 박민수 옮김, 북캠퍼스, 2016, 394쪽.

망명 직전 1933년 초 하이데거에게 "반유대주의자처럼 행동하고 있는 게 사실이냐?"라는 내용의 편지를 썼는데, 이 편지에 대해 하이데거는 자신이 그동안 유대인들에게 베푼 호의를 모두 열거하며 자신은 유대인을 적극적으로 도왔던 사람임을 아렌트에게 호소했다. 그의 호소는 그가 보여준 행실과 전혀 맞지 않았음에도 불구하고 하이데거는 스스로 유대인에 대한 적대심이 없었다고 믿은 것으로 보인다. 전쟁 이후 1945년 하이데거의 반유대주의에 대한 감정을 의뢰받은 야스퍼스는 하이데거는 반유대주의자가 아니었다고 결론을 내리지만, 그가 반유대주의 태도를 보였을 가능성은 배제될 수 없다고 말했다. 그래서일까 하이데거의 정치적 입장과 이와 관련된 행보들은 실망을 넘어 절망스럽다고도 평가할 수 있지만, 오늘날 하이데거의 나치 전력은 두드러지지 않은 채 사상적 기여에 집중되고 있는 것으로 보인다.

하이데거 사상의 영향력

하이데거는 1927년 출간된 그의 유명한 저서 『존재와 시간』이 나오기 전부터 명성이 높아져 있었다. 하이데거는 서양 철

하이데거의 『존재와 시간』
하이데거의 『존재와 시간』은 현대 철학에 큰 영향을 끼친 철학서
로서 여전히 많은 사람들로부터 연구되고 있다.
https://commons.wikimedia.org/wiki/File:%C3%8Atre_et_
Temps.jpg
Legrand8, CC BY-SA 3.0

학의 전통적 사유 방식을 끊어버리고 새로운 방식으로 사유를 전환하는 데에 이바지한 자로 알려졌다. 그는 '존재' 물음을 다시 투명하게 드러낼 것을 강조하며 그 '현존재(Dasein)' 분석에서 새롭게 출발하자고 선언했다. 현존재는 그때마다의 방식으로 존재하며, 세계 속에 있는 존재로서 죽음을 향한 것이다. 시간 속에서 불안을 안고 염려하며 은폐된 진리를 드러내고자 물음을 갖는 출발점이 현존재이다. 그의 사상은 이해하기 어려운 단어들로 복잡하게 전개되지만 분명한 것은 그의 사상이 과거로부터 이어진 전통적 서구의 사유 방식을 파괴하는 새로운 철학 사유로 칭송되었다는 점이다. 특히 그의 기술 시대에 대한 근대적인 도구적 세계관 비판은 많은 사람에게 사상적 공감을 얻은 것으로 보인다.

그가 철학적 명성을 더 크게 가질 수 있었던 것은 프랑스에서의 평가도 한몫한 것으로 보인다. 1944년 영국과 미국이 프라이부르크를 폐허로 만들 때 당시 하이데거는 독일 국민돌격대의 일원이었다. 16세에서 60세 사이의 남자를 총동원하는 총동원령에 따라 그는 징집되어 프랑스군과 대치하며 라인강에서 프랑스군의 도하를 막기도 했다. 그는 프랑스군으로부터 몸을 피하려고 도나우강 근처에 있는 빌덴슈타인 성에 잠시

안착한 경험이 있다. 그곳에서 머무르다 다시 프라이부르크로 왔을 때 프라이부르크는 프랑스 군정이 이끄는 상황이었다. 그 상황에서 하이데거는 나치당 활동(총장직 수행) 혐의로 피고인 신분으로서 프랑스 군정 위원회의 심문을 받게 된다.

나치 활동을 정화하기 위해 발족한 프랑스 군정의 정화위원회는 하이데거에게 다음과 같은 내용으로 심문을 하였다. 첫째, 총장으로서 완전히 나치 전술의 방식으로 학생들을 선동한 점. 둘째, 총통의 원리를 매우 철저하게 관철한 점. 셋째, 총장으로서 교수들에게 보낸 회람과 공문이 그 내용상 대학 교육자에게 요구되고 또 준수되어야 할 자주성을 심각하게 침해했다는 점이다. 당시 하이데거를 심문했던 사람 중 람페(Adolf Lampe)라는 인물은 그가 여전히 죄의식이 없다는 점에 놀랐고 분노하지 않을 수 없었다고 전한다. 야스퍼스는 하이데거의 철학은 책임 윤리를 환기하는 데에 방해가 될 뿐만 아니라 자립적으로 사유하기에는 아직 어린 젊은이들에게 해로운 것이라고 보았다. 1945년 8월 위원회는 하이데거가 자신의 사상에서 당과 대립하는 철학적 사상을 펼쳤고 후에 반성하고 있음을 확인했다는 측면에서 관대한 판정을 내렸지만, 많은 반발에 따라 하이데거는 교수직을 박탈당하고 정부로부터 연금을 받지 못하며, 어떤 교육 권한도 행사할 수 없는 처분을 받는다 (다만 이 결정은 1947년 5월에 취소된다).

　프랑스 군정 당국은 사실 하이데거에게 어느 정도 우호적이었던 것으로 보이는데 그 이유는 여러 가지가 있겠지만 그중 하나로 프랑스에서의 그의 영향력을 들 수 있다. 당시 프랑스 철학계에서 하이데거의 영향력은 날로 커지고 있었다. 프랑스 지식인들은 프라이부르크와 토트나우베르크로 순례 여행을 다닌다는 소문도 횡행했다. 프랑스에서 하이데거의 사상적 영향은 '실존주의'라는 정신적 조류와 연관이 있다. 당시 프랑스 실존주의 형성에는 현상학이 중요한 요소였는데 이에 따라 하이데거도 주목받았다. 1930년대에 하이데거의 강연들은 프랑스의 철학 잡지에 실리기 일쑤였으며, 그의 여러 저작은 프랑스어로 번역되어 출간되었다. 당시 프랑스를 대표하는 유명한 사상가인 사르트르(J. P. Sartre)는 1943년 발표한 유명한 저작 『존재와 무』를 하이데거의 기초 존재론을 계승하는 것이라고 주장했다. 하이데거가 이야기한 '기투', '심려' 등의 개념을 그대로 받아들이면서 사르트르는 인간이 즉자적 존재가 아닌 대자적 존재라는 관점으로 실존의 개념을 수립한다. 하이데거는 초기에 사르트르의 사상에 동조했지만, 후에 '휴머니즘에 관하여'라는 글을 통해 그의 실존주의를 공개적으로 비판했다. 1949년 이후 하이데거는 탈나치화 심의위원회로부터 프라이부르크에서 다시 강연할 수 있는 처분을 받았으며, 프라이부르크대학 평의회로부터 명예교수직을 복권 받게 된다.

말년의 하이데거

하이데거의 말년에 수많은 사람들은 프라이부르크의 뢰테부크베크 47번지에 있는 하이데거의 자택을 자주 찾았다. 앞서 '순례'라는 표현을 썼던 것처럼 당시에는 그의 명성에 따라 그를 찾는 방문객이 많았다. 하이데거의 사상에 감명받아 그를 알고 싶어 하던 사람들이 하이데거의 자택이든 오두막집이든 하이데거가 있는 곳이라면 어디든 그를 찾아갔다는 것이다. 흥미로운 점은 한나 아렌트도 1967년 방문 이후에 줄곧 하이데거를 찾아갔다는 사실이다. 유대인으로서 수용소에서 탈출하여 미국으로 망명했던 그녀였지만, 나치당을 추종했던 자기 스승에 대한 원망보다는 존경과 사랑이 더 컸던 것으로 보인다. 그녀는 지속적인 방문으로 하이데거와의 관계를 유지했으며, 심지어 자신의 원고 완성과 사상적 원숙함을 위한 도움을 하이데거로부터 받는다. 또한 그녀는 노인이 되어 거동이 불편한 하이데거 부부를 위해 미국에서의 도서 출판을 통한 비용 조달에 도움을 주려고 노력했다. 한나 아렌트가 남편과 같이 하이데거와의 만남을 지속했다는 데에서 그리고 당시의 많은 사람이 하이데거를 찾았다는 점에서 우리는 적어도 그가 보여줬던 정치적 행보로 인해 비난받기보다는 사상가로서의 긍정적 대우를 받았다는 사실을 알 수 있다. 히틀러에 동조한 나치당원이었다는 전력이 있어도, 그리고 그로부터 피해를 본 사람들에 대한 공식적인 사죄가 없었다고 해도 하이데거의 사상은 이를 상쇄하는 힘이 있었던 것으로 보인다. 그는 생의 황혼기에도 존재 물음을 지속하며 무난한 노년의 생활을 이어갔다.

하이데거는 노년에 바덴에 있는 메스키르히 마을에서 줄곧 지냈다. 그곳에서 하이데거는 익숙한 생활 리듬을 유지하였다. 오전에 연구하고, 점심을 먹은 후 휴식을 취하며, 다시 오후 늦게까지 연구하는 삶의 패턴을 지녔으며 산책을 할 때면 대중음식점에 들러 지인들과 술을 마시기도 했다. 메스키르히 마을 사람들은 하이데거를 존경했던 것으로 보인다. 1959년에 마을은 그에게 명예시민증을 주었으며 메스키르히 마을의 관현악단은 축제가 있는 날엔 그의 이름을 딴 행진곡도 연주했다. 하이데거는 축구 관람도 즐겼던 것으로 보인다. 그는 메스키르히 출신이자 우리에게도 잘 알려진 축구 선수 베켄바우어(Franz Beckenbauer)를 좋아했고, 자신의 베켄바우어 선수에 대한 평가도 전문적 평가라는 사실을 공공연하게 자부했다. 한나 아렌트가 세상을 떠난 다음 해인 1976년 5월에 하이데거는 메스키르히에서 사망한다. 5월 26일 아침, 그는 사망 전에 잠시 상쾌한 기분으로 잠에서 깼다가 다시 잠이 들었는데 그대로 세상을 떠났다. 방대한 저술을 남긴 그는 오늘날까지 여전히 위대한 사상가로 칭송받으며 그의 사상은 많은 사람들의 연구 대상이 되고 있다.

06

안녕, 레비나스.
신에게로, 레비나스

조태구

레비나스의 죽음

'레비나스(Emmanuel Lévinas, 1906.01.12.-1995.12.25.)는 죽었다.' 특별할 것 없는 사실이다. 철학을 공부하고자 하는 사람들은 대부분 철학사로부터 공부를 시작하고, 철학사를 통해 만나는 모든 철학자들은 대부분 이미 죽은 철학자들이다. 모두 죽었기에 그들의 죽음은 누구에게도 특별하게 다가오지 않는다. 그들은 모두 죽었지만, 그들이 죽었다는 사실에는 아무도 신경 쓰지 않는다. 아무도. 따라서 그들을 깊이 연구하고자 하는 사람들조차도, 그들이 죽었다는 사실 자체에는 주목하지 않는다. 철학사에 기록되어 있는 위대한 철학자들, 그들의 이름 옆에 표기되어 있는 생몰연대, 종종 괄호 속에 담겨 있는 그 숫자들은 다만 기표일 뿐이고 기록일 뿐이다. 자연스러운 사실이다. 죽은 철학자들과의 대화는, 그들이 죽었음에도 불구하고, 활자를 통해 어려움 없이 이루어진다. 사람들은 철학자들이 남긴 저서들을 통해 그들의 말을 듣고, 질문하고, 다시 질문에 대한 답을 듣는다. 듣고자 하는 자들에게 죽은 철학자들은 언제나 "응답(réponse)"한다. 듣지 못한다면, 그것은 죽은 철학자들의 책임이 아니라, 남겨진 자들, 살아남은 자들의 책임일 뿐이다.

그러나 환상이다. 레비나스의 죽음, 그가 더 이상 "응답하지 않는다(non-réponse)"는 사실을 체험한 것은 파리의 한 서점에서였다. 서가에는–그 역시 죽은 철학자인–데리다(Jacques Derrida, 1930.07.15.-2004.10.09.)의 책이 꽂혀있었다. 데리다가 레비나스의 장례식장에서 낭독한 조문(弔文)을 수록한 책이었다. 너무나 강렬한 첫 문장에 매료되어 15페이지 정도 되는 그 글을 서점에서 선 채로 다 읽고 말았다. 레비나스는 더 이상 응답하지 않았다. 데리다 역시 응답하지 않았다. 그들은 처음부터 내 의식의 장 안에 포함되지 않는 타자였고, 이제 죽음으로 더 한층 깊어진 타자였다.

그렇다면 이제 무슨 일이 일어나는 것일까? 데리다 자신이 묻고 있었다.

"만일 타자에 대한 관계가 무한한 분리를, 얼굴이 출현하는 무한한 중단을 전제한다면, 또 다른 중단이 죽음으로 다가와 또다시 무한하게 이 첫 번째 분리를 깊어지게 할 때는, 즉 중단 자체의 심장을 찢어내는 중단이 생겨날 때는, 어떤 일이 일어나는 걸까요?"*

　　데리다의 답은 타자에 대한 "책임(responsabilité)"인 것처럼 보인다. 레비나스가 늘 그렇게 말해 왔던 것처럼, 타자 앞에서 우리가 타자에 대한 책임을 져야 하듯이, 타자의 죽음 앞에서, 죽음으로 무한히 더 깊어진 타자 앞에서 우리는 또한 책임을 져야 한다. 레비나스가 남겨 놓은 그의 저서들을 통해 그를 다시 읽고, 그가 열어 놓은 새로운 사유의 길을 탐구하며 계속해서 그 사유를 갱신해 나가는 것, 그것이 이제 레비나스라는 타자에 대한 살아남은 자들의 책임이다. 레비나스의 글은, 그의 철학은 "의무를 지우는 너무나 온화한 힘"**이다.

　　나 역시 책임을 지고 싶었다. 레비나스의 죽음을 말하는 데

---

* 데리다, 『아듀 레비나스』, 문성원 옮김, 문학과지성사, 27-28쪽.
** 같은 책, 29쪽.

리다의 글을 번역해야만 한다는 책임을 짊어지고 싶었다. 그러나 그렇게 하지 못했고 영원히 그렇게 하지 못할 것이다. 데리다가 쓴 문장의 리듬을, 활자 밑에 꾹꾹 눌러 감춰둔 그 흐느낌을, 온전히 표현할 자신이 없었기 때문만은 아니다. 나를 매료시켰던 첫 문장, 그 문장을 온전히 표현할 말이 당시 내게는 없었고, 지금도 없기 때문이다. 국내에 출간된 문성원의 번역본은 이 첫 문장을 다음과 같이 옮기고 있다. "오래전부터, 아주 오래전부터 저는 두려웠습니다. 에마뉘엘 레비나스에게 "아듀"라고 말해야 할 날이 말입니다."

　문제는 이 "아듀"이다. '아듀(adieu)', 이 프랑스 단어는 작별할 때 쓰는 인사말이다. 금방 다시 볼 사람에게 하는 가벼운 작별인사가 아니라, 오랫동안 혹은 영원히 못 볼 것 같은 사람에게 건네는 떠나감의 말이다. 그리고 이 단어 'adieu'는 '~에게'를 의미하는 전치사 'à'와 '신'을 의미하는 명사 'Dieu'로 분리된다. 즉 작별인사 아듀(adieu), '안녕'은 '신에게로(à Dieu)'라는 뜻으로 신에게로 향함을 의미한다. 한국말에는 이를 적절히 표현할 말이 없다. 그러나 나는 이 'adieu'를 이미 출판된 한국어 번역본에서처럼 단순히 음차하여 '아듀'라 적고 싶지는 않다. 어쩔 수 없이, 이 단어를 '안녕'이라고 옮겨야만 할 것 같다.

이 '안녕'이라는 말이 아주 낮고 천천히 그리고 조용히 발음되기를 바라며, 나는 이 프랑스 단어 'adieu'를 '안녕'이라고 옮긴다. 그래서 내가 한국어로 옮겨 적은 문제의 첫 문장은 다음과 같다. "오래전부터, 아주 오래전부터 저는 에마뉘엘 레비나스에게 **안녕**이라고 말해야만 한다는 것이 두려웠습니다." 안녕, 레비나스, 신에게로 레비나스.

신에게로

'안녕(adieu)', 데리다가 레비나스를 떠나보내는 그의 글 첫

머리에서 이 단어를 꺼내 강조하는 것은 결코 우연이 아니다. 데리다가 밝히고 있는 바처럼, '안녕'이라는 프랑스 단어를 다르게 사유하고, 다르게 발음할 수 있도록 가르쳐준 것은 레비나스 자신이었다. 그리고 레비나스는 이 '안녕'에 대한 다른 사유와 다른 발성법을 죽음과 관련된 자신의 논의 속에서 제시한다. 가령, 1975년과 1976년 사이 소르본 대학에서 진행한 죽음을 주제로 한 강의에서 레비나스는 다음과 같이 말하고 있다.

> "깨어남, 그 깨어남 속에서 미지(l'inconnu)는, 죽음의 무의미는, 인내를 미덕으로 확립하는 것을 방해하고, 거기서 두려움은 나와 무한 사이의 불균형으로 -즉 신-앞의-존재로, 신-에게로(l'à-Dieu) 자체로 나타난다."[*](수정 인용)

먼저 여기서 레비나스가 말하는 "깨어남"은 타자와의 관계를 의미한다. 그리고 이러한 타자와의 관계는 내가 아닌 다른 누군가를 표상하거나 이해함을 의미하지 않는다. 사실 이러한 표상이나 이해는 레비나스에 따르면 진정한 타자와의 관계가

---

* 레비나스, 『신, 죽음 그리고 시간』, 김도형 등 옮김, 그린비, 40쪽.

136 | 어떤 죽음3-철학자편

아니며 오히려 타자의 존재를 지워 버리는 "살인" 행위일 뿐이다. 가령 내가 누군가를 표상했을 때, 나의 의식에 나타난 이 누군가의 이미지는 나의 의식에 속하는 것으로서 나의 것이지 표상의 대상이 된 그 누군가의 것일 수 없다. 또 내가 누군가를 이해한다고 했을 때도 마찬가지이다. 누군가에 대한 나의 이해는 결국 나에게 속하는 것으로서 이해의 대상이 된 그 누군가의 자신에 대한 이해와 완전히 일치하는 것일 수 없다. 여기서 역지사지라는 말이 가지는 폭력성이 드러난다. 그 의도가 아무리 선한 것이라고 할지라도, 나에게 파악된 다른 사람의 입장은 나의 것이지 결코 당사자 자신의 것일 수 없으며, 어쩔 수 없이 나의 것일 수밖에 없는 이런 타자에 대한 표상과 이해를 타자 그 자체와 혼동할 때, 타자의 존재는 다만 지워지고 사라질 뿐이다. 이런 타자와의 왜곡된 관계 속에 진정한 타자는 주어지지 않는다. 내가 구성한 이 의식의 왕국에는 오직 나만이 있을 뿐이다.

따라서 레비나스가 말하는 타자와의 관계는 의식의 내부가 아니라 외부에서 형성되는 수동적인 사태이다. 진정한 타자는 나의 의식이 구성한 어떤 대상이 아니다. 진정한 타자는 결코 나의 의식으로 환원될 수 없으며─그러한 의미에서 타자이며

–전체성을 이루는 나의 의식의 외부로부터 나에게 주어진다. 이러한 주어짐이 내가 타자와 맺을 수 있는 유일한 관계이며, 인용한 문장이 말하는 "깨어남"이다. 그리고 레비나스는 이 깨어남의 구체적인 형태를 타자에 대한 "책임"이라고 말하고 있다. 나는 내게 표상되지도 이해되지도 않는 타자, 나의 의식 밖으로부터 내가 다만 수동적으로 받아들일 수밖에 없는 미지의 그것을 인내한다. 즉 책임진다.

그런데 어떻게 나는 내게 표상되지도 않고, 이해될 수도 없는 타자를 책임질 수 있는가? 나에게 표상되지도 이해되지도 않는 타자는 흡사 칸트가 말하는 물자체와 같은 것으로서 나와 아무런 관계도 맺지 않는 것, 나와 무관한 것 아닌가? 그것은 어떠한 방식으로도 내게 나타나지 않는 것으로서 차라리 무 아닌가? 그러나 타자는 언제나 "얼굴(visage)"을 가지고 나타난다. 이러한 얼굴은 내게 표상되고 이해되는 것으로서 타자 그 자체는 아니지만, 절대적으로 외적인 타자를 나와 관계 맺을 수 있게 만들어주는 매개이다. 내가 표상하고 이해할 수 있는 타자의 얼굴 너머에서 타자는 내가 표상할 수도 이해할 수도 없는 것으로서, 즉 알 수 없는 것으로서 주어진다. 타자와의 관계는 타자의 얼굴을 매개로 이루어지고, 이러한 관계 맺음은 타자를 책임지는 일이며 인내하는 일로서, 전체성으로 존재하는 나의 의식에 균열을 내는 일이다. 타자와의 관계 맺음은 모든 것을 자신에게 환원함으로써 전체성으로 존재하는 나의 의식의 깨어짐이며, 타자를 책임지는 윤리적 주체로서의 나의 깨어남이다.

이제 인용한 문장으로 돌아와 보자. 레비나스는 이러한 깨어남 속에서 죽음의 "미지", 따라서 죽음의 "무의미"가 타자를 받아들이는 나의 인내를 어떤 덕으로 만들 수 없도록 가로막는다고 말하고 있다. 왜 갑자기 죽음인가? 이유는 단순하다. 얼굴을 매개로 나와 관계를 맺는 타자, 즉 타인은 상처 받을 수 있는 존재이며, 언제 다가올지 정확히 알 수는 없지만 반드시 다가오고야 말 죽음에 직면해 있는 존재이기 때문이다. 따라서 타자를 책임진다는 것은 죽어 버릴 그를 책임진다는 것이며, 그의 죽음을 책임진다는 것이다. 그런데 이렇게 타자를 책임진다는 것이, 즉 윤리적 주체로서 내가 깨어난다는 것이 타자의 죽음을 책임지는 일이라면, 이제 이러한 깨어남에서 두려움이 나타나는 일은 자연스럽다. 깨어남에서 "두려움은 나와 무한 사이의 불균형으로 -즉 신-앞의-존재로, 신-에게로 자체로 나타난다."

여기서 "나와 무한 사이의 불균형"은 나와 타자 사이의 불균형과 다른 것을 의미하지 않는다. 타자는 내가 표상할 수도 이해할 수도 없는 것으로서 나의 의식 밖으로부터 주어지는 규정되지 않은 무엇이며, 모든 것을 자신에게 환원할 수 있고, 그렇게 전체성으로 존재할 수 있는 나의 의식으로 결코 환원될 수 없는 무한이다. 타자는 무한이라는 의미에서 신이다. 따라서 레비나스가 두려움이 "나와 무한 사이의 불균형으로 -즉 신-앞의-존재로, 신-에게로 자체로 나타난다"고 말했을 때, 이 말은 나와 타자의 관계 맺음이 두려움으로 체험된다는 말과 다른 말이 아니다. 타자를 책임짐, 윤리적 주체로서의 나의 깨어남은 그 자체로 두려움이다. 언제 죽어버릴지 알 수 없는 타자 앞에서 '안녕(adieu)'이라는 단어를 낮고 천천히 그리고 조용하게 발음할 때, 즉 그것을 전치사 'à'와 명사 'Dieu'로 분절하여 발음할 때, 이 '안-녕'은 "신-에게로(à-Dieu)"라는 새로운 의미를 획득하고, 이 "신-에게로"는 내가 표상할 수도 이해할 수도 없는 타자와 나 사이에 성립되는 관계로서 순식간에 두려움이라는 감정으로 나를 사로잡는다.

책임과 두려움

이렇게 타자는 내가 이해할 수도 표상할 수 없는 것으로서 전체성인 나의 의식으로 결코 환원될 수 없는 무한이며, 이러한 무한으로서의 타자는 얼굴을 매개로 나와 관계를 맺는다. 이러한 관계는 타자를 책임지는 윤리적 주체로서의 나의 깨어남을 의미하며, 이 깨어남은 두려움이라는 구체적인 감정으로 체험된다.

이러한 레비나스의 설명은 추상적인 차원에서 이루어지는 철학적 논의에 불과한 것이 아니다. 그것은 오히려 우리 모두가 구체적인 일상에서 경험하는 실제적인 사건들에 대한 생생한 묘사이다. 가령 내가 강의실에 들어설 때, 나는 강단에 서고 강단 앞에 앉아 있는 많은 타자들의 얼굴을 마주한다. 그 많은 얼굴 너머에서 내가 표상할 수도 없고 이해할 수도 없는 타자가 제각기 자신을 표현하고 있다. 그리고 이 순간 나는 모월 모일에 태어난 익명의 아무개가 아니라, 강의실에 앉아 나의 수업을 듣고자 하는 타자들을 책임지는 구체적인 개인, 다른 누구도 아닌 다름 아닌 나로서 존립한다. 레비나스에 따르면, 나를 나라는 주체로 만드는 것은 결코 나 자신이 아니다. 나는 내가 책임을 지는 타인으로 인해 나라는 주체로 성립할 수 있다. "타인은 내가 그에 대해 지는 책임 속에서 나를 개인으로 만든다."[*] 그리고 이러한 타자와의 관계 맺음은 두려움으로 체험된다. 실제로 나는 강단에 서서 살짝 긴장한다. 어떤 설렘을 느끼기도 한다. 이러한 긴장감과 설렘, 그것들의 참된 이름은 두려움일 것이다.

물론 이러한 두려움은 이내 사라진다. 어떤 일이 벌어진 것일까? 레비나스의 설명에 따르자면, 이는 타자와의 관계가 사라졌음을 의미할 것이다. 나는 이제 더 이상 학생들의 얼굴 너머로부터 표현되고 있는 타자 그 자체에 신경 쓰지 않는다. 내가 만들어낸 표상으로 타자의 얼굴을 덮어 버렸고, 나의 이해로 학생들을, 내 앞에 살아 있는–죽음에 직면해 있는–타자들을 대체해 버렸다. 타자와의 관계는 내가 구축한 내 의식의 왕국으로 대체되었고, 이제 나는 더 이상 타자를 책임지는 윤리적 주체가 아니다. 관성에 따라 직업적 의무를 다하는 습관의 기계일 뿐이며, 내가 구축한 왕국을 지배하는 홀로 존재하는 제왕일 뿐이다.

---

[*] 『신, 죽음 그리고 시간』, 25쪽.

좀 더 생생한 예는 연인들의 관계를 통해 확인할 수 있다. 시작하는 연인들에게 모든 것은 설렘이고 두려움이다. 그들 서로가 서로에 대해 잘 알지 못하기 때문에, 그들은 서로를 타자로서 대하고 자신이 구축한 이미지나 관념으로 상대방을 대체하지 않는다. 그러나 시간이 흐를수록 점점 타자와의 관계는 사라져 간다. 서로가 서로를 잘 안다는 착각을 시작하기 때문이다. 자신이 만든 상대방에 대한 이미지와 관념이 상대방이라는 타자 자체를 대체해 갈수록, 친밀감 혹은 익숙함이라는 감정이 설렘을 대체하고, 두려움을 지워 버린다. 그런데 이 친밀감 혹은 익숙함은 어디에서 비롯되는가? 그것은 내가 마주하는 상대방이, 내가 타자라고 생각하는 그것이 사실 내 스스로가 만들어낸 상대방에 대한 나의 이미지이거나 나의 관념이기 때문은 아닌가? 즉 내가 느끼는 이 친밀감과 익숙함은 사실 타자에 대한 것이 아니라 나 자신에 대한 감정 아닌가? 실제로 내가 내 스스로 구성한 나의 세계에 머물러 있는 한, 나는 두려울 것이 없다. 모든 것이 친밀하고 익숙할 뿐이다. 그러나 이때 타자는, 타자로서 내가 사랑하던 그대는 어디로 갔는가? 두려움이 없는 관계라고 해서 사랑이 아닌 것은 아닐 테지만, 적어도 이러한 사랑은 타자에 대한 사랑은 아닐 것이다.

하이데거

이제 레비나스가 말하는 두려움은 어떤 앎으로부터 비롯되는 것이 아니라는 사실에 주목할 필요가 있다. 두려움은 내가 죽어 버릴 수 있는 타자를 책임짐으로써 윤리적 주체로서 깨어날 때, 이 깨어남 속에서 '안녕' 즉 '신-에게로' 자체로서, 나와 타자와의 관계 자체로서 나타난다. 그런데 타자는 내가 표상할 수도 이해할 수도 없는 것이라는 점에서, 그렇게 나의 의식으로 결코 환원될 수 없는 것이라는 점에서 무한이며, 레비나스는 이러한 점을 고려하여 인용한 문장 속에서 "두려움은 나와 무한 사이의 불균형"으로 나타난다고 또한 말하고 있다. 따라서 레비나스가 말하는 "나와 무한 사이에 성립되는 불균형"이란, 무한에 대한 나의 무지, 내가 표상할 수도 이해할 수도 없는 타자에 대한 나의 무지를 의미한다. 그리고 이러한 무지는 그것이 무한에 대한 것이고 타자에 대한 것인 한 절대적이다. 즉 이러한 무지는 나의 노력 여하에 따라 극복될 수 있는 어떤 앎의 부족함을 의미하는 것이 아니다. 두려움은 절대적인 '알 수 없음'에 대한 구체적인 표현이며, 타인의 죽음에 대해, 또 나 자신의 죽음에 대해 두려움을 느낀다면, 이 두려움은 다른 무엇보다 이 죽음에 대해 우리가 아무것도 알 수 없다는 사실로부터 기인한다.

실제로 인용한 문장에서도 확인할 수 있는 것처럼, 레비나스는 죽음을 절대로 알 수 없는 "미지"로 규정한다. 그리고 죽음이 알 수 없는 "미지"인 이유는 누구도 죽은 뒤 다시 돌아와 죽음이 무엇인지 말해주지 않았기 때문이 아니다. 죽음은 내가 살아 있는 한, 아직 오지 않은 것으로서 내 의식의 장 안으로 들어오지 않는다. 죽음은 내 의식의 장 밖에 머무는, 결코 내가 표상할 수도 이해할 수도 없는 무엇이다.

그런데 이렇게 레비나스가 죽음을 두려움과 연결하고, 그것을 또 '알 수 없음'과 연결할 때, 그가 의도하는 바는 명확하다. 레비나스 자신이 죽음에 대해 논하는 자신의 모든 글에서 빠짐없이 언급하고 있는 것처럼 그의 죽음에 대한 논의는 정확히 죽음에 대한 하이데거의 논의를 겨누고 있다. 어떤 의미에서 레비나스의 철학 전체는 하이데거의 철학에 대한 반론이라고 해석될 수 있지만, 죽음에 대한 레비나스의 논의만큼 명시적으로 하이데거를 겨누고 있는 경우를 찾아보기는 어렵다.

레비나스의 하이데거에 대한 비판의 요지를 한 문장으로 정리하면, 하이데거는 죽음을 '존재'와 '무'라는 양 축으로 구성된 존재론적 체계 내에서 다루었다는 것이다. 즉 하이데거에게 죽음이란 무를 의미하고, 이렇게 무로서 규정된 죽음은 존재의 반대 항임에도 불구하고, 혹은 반대 항이기 때문에 존재의 영역 안에 포섭된다. 하이데거 철학에 밖은 없다. 즉 무한이 없으며, 타자가 없다.

실제로 하이데거는 죽음을 인간 자신의 가장 고유한 가능성으로 전제하고, 불안을 야기하는 것이기에 인간 자신에 의해 끊임없이 은폐되는 이 죽음의 가능성을 인간 스스로 영웅적으로 선취하여 자신의 고유한 가능성으로 받아들일 때, 불안을 회피하기 위해 자신 아닌 세계 내의 다른 존재자들에 의존하여 존재하던 인간 실존이 본래적인 자신의 실존을 회복하여 진정한 자기 자신으로 존재할 수 있게 된다고 말하고 있다. 즉 죽음의 가능성은 어떤 실현의 가능성이 아니라 무화의 가능성이라는 점에서 그 자체로는 더 이상 인간을 실존할 수 없도록 만드는 "불가능성의 가능성"이지만, 그로 인해 인간 실존이 세계의 다른 존재자들의 속박으로부터 벗어나 참된 자기 자신을 살 수 있도록 만든다는 점에서 인간 실존에 탁월하게 기여한다. 그리고 하이데거가 이러한 인간 실존을 인간의 본래적인 존재함의 방식이라고 본다는 점에서, 인간 실존의 불가능성을 의미하는 죽음의 가능성은 역설적이게도 인간 실존의 가장 탁월한 가능성이라고 할 수 있다.

이렇게 하이데거의 철학은 죽음을 더 이상 존재하지 않음, 즉 무로서 규정하여 그것을 존재에 대립시키지만, 이러한 무조차도 참된 존재의 가능성으로서 존재의 영역에 포함시킴으로써 하나의 전체를 이루는 닫힌 체계를 구성한다. 문제는 이러한 체계는 본질적으로 타자를 인정할 수 없다는 점이다. 모든 것은 존재의 영역에 들어오고–존재의 부정마저 존재의 영역에 들어오고–그렇게 타자의 타자성은 여기 어디에도 자리할 곳이 없다. 레비나스의 관점에서 하이데거의 철학은 전체주의 철학이며, 타자를 그 근본에서부터 소멸시켜 버리는 살인자의 철학이다.

여보세요? 여보세요?

그러나 죽음은 무가 아니다. 좀 더 정확히 말하자면 "무는 불가능하다."* 무는 내가 나의 가능성으로서 능동적으로 수용할

---

* 레비나스, 『시간과 타자』, 강연안 옮김, 82쪽.

수 있는 무엇이 아니다. 에피쿠로스가 말했던 것처럼, 내가 있을 때는 죽음이 없고, 죽음이 있을 때는 내가 없기 때문이 아니다. 레비나스가 말한 바처럼, 에피쿠로스의 이 말은 죽음과 나 사이에 존재할 수 있는 모든 관계를 부정한다는 점에서 오류를 범하고 있다. 그러나 이 격언은 죽음에 대한 한 가지 중요한 통찰을 전하고 있다. 즉 이 격언은 내가 주체로서 현존하는 한, 죽음은 지금 바로 여기에 결코 나타나지 않는다는 사실을 전한다.

사실 죽음의 시간은 내가 주체로서 살아 있는 현재가 아니고 지금이 아니다. 죽음의 참된 시간은 미래이며, 이 죽음의 미래는 현존하는 내가 상상하고 표상하는 미래, 따라서 현재하는 미래, 사실 미래가 아닌 미래를 의미하지 않는다. 죽음의 미래는 나의 현존하는 의식의 장 안으로 이미 들어와 있는 현재하는 미래가 아니라, 언제가 나의 의식의 장을 찢고 들어올, 내가 그에 대해 전적으로 수동적일 수밖에 없는 도래할 바로서의 미래를 의미한다. 이러한 미래는 내가 표상할 수도, 상상할 수 없는 것으로서 타자를 의미한다. "미래, 그것은 타자이다."*

---

* 같은 책, 86-87쪽.

그리고 죽음의 참된 시간이 미래인 한, 죽음 역시 같은 성격을 갖는다. 죽음은 내가 적극적으로 나서 수용할 수 있는 무엇이 아니다. 따라서 "자살은 모순적 개념이다."* 죽음은 수용되는 것이 아니라 도래하는 것이며, 도래할 미래로서 현재하는 나와 관계를 맺는다. 이러한 도래할 죽음에 대해 나는 절대적으로 수동적이며, 따라서 절대적으로 무지하다. 죽음은 무가 아니라 미지이며, 절대적인 신비이다.

그럼에도 불구하고, 죽음을 무로 규정한다면, 여기에서 작동하고 있는 것은 살인자의 욕망이다. 지금 내 앞에 있는 이 사람을 완전히 소멸시켜 흔적조차 남겨두지 않겠다는 욕망이 사실 그에 대해서는 아무것도 알 수 없는 죽음을 무로 규정하도록 만든다.

그러나 레비나스가 말하지 않은 다른 길이 하나 더 있는 것으로 보인다. 죽음을 무로 규정하는 또 다른 길은 베르그손이 제시한다. 베르그손에 따르면 무 관념은 존재보다 더 많은 관념으로서 이러한 관념에는 기대와 실망이라는 정서가 포함된다. 즉 내가 있을 것이라고 기대하는 무언가가 나의 바람과는

---

* 같은 책, 82쪽.

달리 거기 없을 때, 우리는 무를 말한다. 가령 친구들과 만나기로 한 카페에 도착했을 때, 만나기로 한 친구들이 없다면 우리는 아주 자연스럽게 "아무도 없네"라고 말할 것이다. 그러나 그 카페에 정말 아무도 없던 것은 아니다. 다른 사람들, 내가 만나기를 기대하지 않았던 익명의 사람들이 있었지만, 나는 그들의 존재를 무시하고 아주 자연스럽게 '없음'을, '무'를 말한다.

이러한 맥락에서 죽음을 무로 규정하는 상황 또한 이해할 수 있다. 죽음이 무엇보다 부재, 누군가의 사라짐, '무'를 의미한다면, 이는 누군가의 존재에 대한 나의 모든 기대가 더 이상 실현될 수 없다는 실망을 의미할 것이다. 실제로 나는 누군가가 나의 손짓에 반응하고 나의 부름에 응답하기를 기대하고 욕구하지만, 이 누군가가 어떠한 방식으로도 더 이상 내게 반응하지 않고 아무런 응답도 하지 않을 때 그가 죽었다고 판단한다. 이러한 죽음에 대한 판단은 단순히 죽어 있는 타인의 몸에 대한 지각으로부터 귀결되지 않는다. 지각은 지금 내 앞에 있는 대상에 한정되어 있는 것이지만, 죽음에 대한 판단은 지금 지각되는 죽어 있는 그의 몸과 과거 살아 있던 그의 몸에 대한 지각 사이의 비교를 포함한다. 그리고 현재 지각되는 몸으로부터 더 이상 과거 살아 있던 몸이 보여주었던 반응들을 기

Jacques Derrida

Adieu
à Emmanuel Lévinas

Galilée

『아듀』
데리다가 레비나스의 장례식에서 낭독한 조문을 출판한 책이다.
국내에는 『아듀 레비나스』라는 제목으로 번역되었다.

대할 수 없다고 판단될 때 죽음은 사실로 인식된다. 우리가 컵이 깨졌다고 해서 컵이 죽었다고 말하지 않는 이유는 그 컵이 깨지기 이전에도 어떠한 살아 있음의 증표를 보여준 바 없기 때문이다. 죽음은 오직 살아 있던 무엇에게만 적용되는 관념이다. 살아 있던 그는 컵과는 달리 내가 부르면 응답했고 나의 손짓에 웃어주었다. 그는 모든 살아 있음의 표시를 보여주었고, 죽음에 대한 판단에는 이 살아 있음에 대한 기억과 이 기억에 토대를 둔 기대, 그리고 이러한 기대에 대한 실망, 이 모든 것이 포함되어 있다. 마지막 숨을 멈춘 그를 붙잡고 흔드는 나의 행위는 그가 과거와 마찬가지로 살아 있음을 확인하려는 나의 욕구 혹은 기대를 표현하고, 이러한 나의 행위에 응답하지 않는 그를 확인한 뒤 터져 나오는 통곡과 눈물은 이러한 기대가 실현되지 못함에 대한 실망, 즉 슬픔을 번역한다. 그리고 이 모든 것이 이제 죽음을 '무'로 규정하도록 만든다.

데리다는 레비나스를 떠나보내는 그의 글에서 레비나스와 있었던 다음과 같은 일화를 소개하고 있다.

"레비나스는 전화 통화를 하다가 매 순간 단절과 침묵 또는 소멸을, 타자의 "응답-없음"을 걱정하는 것처럼 보였습니다. 그는 문장들을 말하는 사이에 또 때로는 문장 중간에서도 곧바로 "여보세요, 여보세요"라고 상대방을 다시 부르곤 했지요."*

레비나스가 우려했던 것은 무엇일까? 그는 무엇을 확인하고 싶었을까? 표상할 수도 이해할 수도 없는 타자와 나의 관계 맺음은 얼굴을 매개로 이루어진다. 얼굴을 매개로 표현되는 타자의 표현, 목소리, 떨림, 나의 부름에 대한 간단한 응답, 이제 이 모든 것이 사라진 죽음, '무'에 대해, 존재보다 더 한층 두터운 이 '무'에 대해, 죽음으로 무한히 깊어진 이 타자에 대해 우리는 무엇을 할 수 있는가? 답은 이미 제시되었다. 책임. 남은 것은 살아남은 자들의 책임, 처음부터 상쇄할 방법 따위가 존재하지 않는 죄책감(culpabilité)뿐이다.

이제 마지막으로 데리다는 '안녕', 이 말 뒤에 레비나스의 이름을 붙인다. "안녕, 레비나스", 이 말은 그에 대한 것도 아니고 그를 위한 것도 아니다. 이 말은 곧장 레비나스에게로 향한다. 그에게로, 타자에게로, 무한에게로, 신-에게로. 안녕, 레비나스.

---

* 『아듀 레비나스』, 28쪽.

★집필자 소개★

김영욱 서울대학교 불어불문학과 부교수. 프랑스 파리7대학에서 장
자크 루소에 대한 박사논문을 발표했다. 최근 논문으로 「은폐
된 은유 - 장 스타로뱅스키와 멜랑콜리 연구」, 「스트라우스의
루소: 퇴행의 체계」 등이 있고, 역서로 『사회계약론』, 『멜랑콜
리 치료의 역사』가 있다.

이재훈 창원대학교 철학과 조교수. 고려대학교 철학과를 졸업하고
프랑스 파리10대학에서 데카르트와 하이데거에 대한 연구로
철학 박사 학위를 받았다. 주요 논문으로는 「코페르니쿠스의
철학적 상황과 휴머니티의 문제」, 「데카르트의 두 번째 성찰
에서 "나는 존재한다(ego sum)"와 "나는 현존한다(ego existo)"
가 이중적으로 말해지는 이유에 대하여」 등이 있다.

조태구 경희대학교 인문학연구원 HK+통합의료인문학연구단 HK교수. 경희대학교를 나와 프랑스10대학에서 철학 박사 학위를 받았다. 주요 저서와 논문으로는 『의철학 연구 - 동서양의 질병관과 그 경계』(공저), 「반이데올로기적 이데올리기 - 동의철학의 가능성 논쟁: 부어스와 엥겔하르트를 중심으로」, 「삶과 자기-촉발 - 미셸 앙리의 역동적 현상학」 등이 있다.

최우석 경희대학교 인문학연구원 HK+통합의료인문학연구단 HK연구교수. 서강대학교를 나와 같은 학교 대학원에서 철학 석사를 받은 후 경희대학교에서 철학 박사 학위를 받았다. 미국 포담 대학과 벨기에 루벤 대학 초청방문학자 연수를 했으며 현재 현상학으로 윤리, 건강, 질병, 죽음에 대해 연구하고 있다. 주요 저서와 논문으로는 『죽음의 인문학』(공저), 『후설의 윤리학과 상호주관성』(역서), 「현상학과 우울증」, 「현상학과 질병」 등이 있다.